FABIO GURGEL

INABALÁVEL

PRINCÍPIOS DO JIU-JÍTSU
APLICADOS À VIDA E AOS NEGÓCIOS

FABIO GURGEL

INABALÁVEL

PRINCÍPIOS DO **JIU-JÍTSU**
APLICADOS À VIDA E AOS NEGÓCIOS

São Paulo | 2024

LVM
EDITORA

Título: *Inabalável: Princípios do jiu-jítsu aplicados à vida e aos negócios.*
Copyright © 2024 – Fabio Gurgel

As opiniões e os comentários feitos nesta publicação são pessoais e não representam necessariamente a opinião das instituições às quais os autores estejam vinculados.

Os direitos desta edição pertencem à LVM Editora, sediada na
Rua Leopoldo Couto de Magalhães Júnior, 1098, Cj. 46
04.542-001 • São Paulo, SP, Brasil
Telefax: 55 (11) 3704-3782
contato@lvmeditora.com.br

Editor-Chefe | Pedro Henrique Alves
Editores assistentes | Geizy Novais e Felipe Saraiça
Revisão ortográfica e gramatical | Thuany Priscila Zuanazzi
Preparação dos originais | Adriana Alevato, Marcio Scansani e Pedro Henrique Alves
Capa e Projeto gráfico | Mariângela Ghizellini
Foto de capa | André Schiliró
Diagramação | Décio Lopes

Impresso no Brasil, 2024

Dados Internacionais de Catalogação na Publicação (CIP)
Angélica Ilacqua CRB-8/7057

G987n   Gurgel, Fabio
           Inabalável: Princípios do jiu-jítsu aplicados à vida e aos negócios. / Fabio Gurgel. - 1ª edição - São Paulo : LVM Editora, 2024.
           256 p.

        ISBN 978-65-5052-244-5

        1. Jiu-jítsu 2. Luta (esporte) 3. Gurgel, Fabio, 1953 4. Lutadores marciais I. Título

24-4548   CDD 796.8152

Índices para catálogo sistemático:
1. Jiu-jítsu

Reservados todos os direitos desta obra.
Proibida a reprodução integral desta edição por qualquer meio ou forma, seja eletrônica ou mecânica, fotocópia, gravação ou qualquer outro meio sem a permissão expressa do editor. A reprodução parcial é permitida, desde que citada a fonte.
Esta editora se empenhou em contatar os responsáveis pelos direitos autorais de todas as imagens e de outros materiais utilizados neste livro. Se porventura for constatada a omissão involuntária na identificação de algum deles, dispomo-nos a efetuar, futuramente, as devidas correções.

Sumário

- 07 **Apresentação** (Mestre Romero "Jacaré" Cavalcanti)
- 09 **Prefácio** (Roberto Altenhofen)
- 13 **Introdução**

19	CAPÍTULO 1	A história
27	CAPÍTULO 2	O começo
31	CAPÍTULO 3	O Jiu-jítsu na minha vida
35	CAPÍTULO 4	Jacaré Jiu-jítsu
43	CAPÍTULO 5	O primeiro título
47	CAPÍTULO 6	Começando a dar aulas
51	CAPÍTULO 7	Sem quimono
57	CAPÍTULO 8	Jiu-jítsu em prática
61	CAPÍTULO 9	Dedicação total
67	CAPÍTULO 10	Fora do tatame
75	CAPÍTULO 11	A faixa preta
85	CAPÍTULO 12	Mestre e sócio
89	CAPÍTULO 13	Jiu-jítsu versus Luta Livre
101	CAPÍTULO 14	A Alliance
107	CAPÍTULO 15	São Paulo

115	CAPÍTULO 16	O primeiro Mundial
129	CAPÍTULO 17	Jiu-jítsu pelo mundo
139	CAPÍTULO 18	Um insight
143	CAPÍTULO 19	O "racha"
151	CAPÍTULO 20	Marcelinho brilha
161	CAPÍTULO 21	Uma joia na minha vida
163	CAPÍTULO 22	De volta ao topo
171	CAPÍTULO 23	A última luta
175	CAPÍTULO 24	Alliance como empresa
181	CAPÍTULO 25	Viver de Jiu-jítsu
185	CAPÍTULO 26	Abu Dhabi
189	CAPÍTULO 27	Alliance: único foco
197	CAPÍTULO 28	Escolhendo um sucessor
201	CAPÍTULO 29	A bomba de 2020
207	CAPÍTULO 30	Faixa coral
209	CAPÍTULO 31	Aproveitando o tempo parado
213	CAPÍTULO 32	Uma nova fase
217	CAPÍTULO 33	Obstáculos
221	CAPÍTULO 34	O Jiu-jítsu no hype
229	CAPÍTULO 35	O Jiu-jítsu fora do tatame
231	CAPÍTULO 36	As virtudes
241	CAPÍTULO 37	Do limão à limonada
245	CAPÍTULO 38	O que aprendi

251 **Agradecimentos**

Apresentação

Mestre Romero "Jacaré" Cavalcanti[1]

Fabio Gurgel é mais do que um atleta ou professor de jiu-jítsu; ele é um verdadeiro visionário, cuja determinação e paixão foram fundamentais para transformar o jiu-jítsu moderno em um fenômeno mundial. É um privilégio, como seu mestre por mais de 40 anos, testemunhar essa trajetória e o impacto positivo que ele gera em tantos ao redor do mundo.

Tive o orgulho de conhecer Fabio ainda adolescente e de ver, ao longo das décadas, sua dedicação incansável ao jiu-jítsu e aos valores que o esporte ensina. Ele se tornou um ser humano extraordinário, guiado por princípios de honra, lealdade e disciplina – virtudes que o definem tanto dentro quanto fora dos tatames. Ver Fabio aplicar esses valores na vida e nos negócios é inspirador, e seu exemplo reflete tudo o que o jiu-jítsu representa.

Em Inabalável, Fabio compartilha as lições, desafios e vitórias que moldaram sua jornada. Este livro é um guia inestimável para todos que buscam força e resiliência, seja no esporte, nos negócios ou na vida.

---

1. Mestre 8º grau, faixa Vermelha e Branca.

Prefácio

Roberto Altenhofen

"Com todo respeito, mas este espaço não é meu. Ele pertence ao Jacaré, ao Rickson, ao Gigi... Talvez o Demian, o Jocko e até mesmo o Mark Kerr. Daí pra cima".

Foi assim que em primeiro momento recusei o convite para estar aqui, me dirigindo a você.

A resposta que recebi foi reta:

"Discordo! Esses são personagens importantes, porém óbvios. Acho que a sua visão de fora – e posteriormente de dentro – passa uma mensagem muito mais em linha com o que pretendo atingir com o meu livro".

Mas qual é a pretensão do livro?

O que ele pretende atingir?

***

Estava em uma situação extremamente desconfortável.

Eu era um dos espectadores de um curso sobre gestão para academias de jiu-jítsu, que acontecia num hotel em São Paulo. Estava abrindo uma academia de jiu-jítsu na mesma região que ficava a matriz da Alliance Jiu-jítsu, no bairro da Vila Olímpia, na capital paulista.

Embora praticante e apaixonado pela arte marcial, eu não era um atleta, não era um lutador profissional e tampouco um professor. Minha função ali era basicamente a de investidor; estava viabilizando o que era um sonho do meu professor à época.

Como era o meu primeiro investimento no ramo, fui lá para entender onde estava me metendo. De quebra, iria conhecer alguns segredos daquele que, em breve, seria o meu concorrente na região: Fabio Gurgel, o anfitrião do evento.

Como todo praticante, eu conhecia as histórias do "general" da Alliance; o tetracampeão mundial na faixa preta, o casca-grossa que esteve na linha de frente dos antigos desafios do jiu-jítsu contra outras artes marciais, esses fundamentais para consolidar a marca da "luta mais eficiente do mundo", o lutador dos primórdios do vale-tudo sem luvas, depois do UFC e, principalmente, o líder da maior e mais vencedora equipe de competidores de jiu-jítsu do mundo.

Cheguei ao hotel nutrindo profunda curiosidade por aquele personagem. Sai admirando um gestor.

O curso foi incrível, com diversas sacadas que eu poderia aplicar não só na minha academia, mas também na minha vida pessoal e no meu negócio principal, no mercado financeiro.

Ao final das quase três horas de evento, fui cumprimentar brevemente o professor: "Parabéns, Fabio. Isso que você mostrou aqui precisa chegar a um número muito maior de pessoas – e eu acho que posso te ajudar com isso. Fica com o meu cartão. Caso você tenha interesse, podemos tomar um café no meu escritório para discutirmos a respeito".

Fabio recebeu os cumprimentos cordialmente. Àquela altura, ele não fazia a menor ideia de qual era minha real intenção com aquele gesto...

De fato eu tinha um interesse genuíno em ajudá-lo a promover o produto de gestão de academias, mas eu tinha um problema maior para lidar primeiro. Estava em vias de inaugurar uma academia concorrente a um quarteirão de distância da escola dele, iniciando o que poderia ser uma disputa por espaço e alunos na região – e resolvi que o melhor a se fazer era falar isso pessoalmente para ele.

Como a coisa tinha algum risco de ficar feia, entendi que eu minimizaria um eventual prejuízo se estivéssemos em um ambiente controlado – no caso, o meu escritório.

Quando ele chegou ao escritório, na avenida Faria Lima, nos dirigimos a uma sala de reunião. Escolhi uma sala de vidro, com paredes transparentes, onde as pessoas de fora pudessem nos ver, embora não ouvir, e fui logo tirar o peso das minhas costas: "Fabio, antes de qualquer coisa, eu preciso ser sincero com você. Estou abrindo uma academia de outra bandeira ali na Vila Olímpia, por isso fui até o seu curso de gestão de academias".

"Exatamente onde vai ser essa sua academia?" – ele respondeu, de imediato.

Tentei então distanciar ao máximo a localização... Argumentei que não conhecia muito bem as ruas ali do entorno, mas, ao abrirmos o mapa no celular, não consegui brigar contra o fato.

"Poxa, vai ser bem na altura da minha academia. No quarteirão de cima!" – ele concluiu.

Naquele momento, entendi que o pior estava a um passo de acontecer. Meus batimentos cardíacos subiram abruptamente e olhei através do vidro, na esperança de ter gente de prontidão do lado de fora da sala, ao que ele complementou: "Isso é uma notícia excelente. Fico feliz de saber que terá alguém capacitado por perto. Alguém que poderá oferecer um bom nível de serviço aos alunos".

Surpreso, o interrompi: "Espera. Deixa eu ver se entendi... Isso não é um problema pra você?".

Ao que ele prontamente respondeu:

"Sabe o que é um problema pra mim? É essa infinidade de academias mal geridas, sujas, com professores que tratam mal os alunos, que se atrasam pra aula, que dão aula com o kimono sujo, que não falam corretamente e que, dessa forma, diminuem o jiu-jítsu. Uma vez que vai lá, o aluno tem uma experiência extremamente negativa, a ponto de nunca mais voltar; seja para aquela, seja para qualquer outra academia de jiu-jítsu. Fico feliz de verdade de vocês estarem com um bom projeto para a região".

Foi um choque. Aquela reação ia frontalmente contra todo o histórico do esporte, de invasões a academias rivais, rixas em campeonatos e conflitos entre praticantes de diferentes bandeiras.

A partir daquele momento, percebi que não daria para brigar (comercialmente) na região, mas ganhei um professor, uma referência, posteriormente um sócio em outro projeto e, ainda mais importante, alguém que hoje considero um amigo.

Essa breve passagem é um resumo do que entendo ser o propósito de Fabio Gurgel: mostrar o jiu-jítsu para fora do jiu-jítsu.

O que você encontrará nas próximas páginas é um homem em uma missão. Uma missão nobre e muito bem-sucedida, com feitos marcantes, eventos surpreendentes e personagens emblemáticos; mas, acima de tudo, você encontrará o homem, um interlocutor que se confunde entre praticante, atleta, lutador, professor, líder, treinador, empresário e eterno estudante – com seus devidos fracassos, dilemas, aprendizados, e sua busca incessante pela virtude.

Tudo está aqui. A relação com o mestre Jacaré, a ascensão como atleta, a fundação da Alliance, as transições na carreira, o racha na equipe, a dor pelo amigo Marcelo Behring, as lesões, os títulos mundiais, os treinamentos com o Carlson, o respeito por Rickson, o embate com Mark Kerr, a luta pela profissionalização do esporte, o desenvolvimento do modelo de negócios e da metodologia de ensino...

Inabalável tem a pretensão de mostrar que a luta mais eficiente do mundo é, também, uma das ferramentas de desenvolvimento pessoal mais poderosas que existem. E o consegue através de um relato corajoso, apaixonado e, sobretudo, necessário, daquele que até hoje é um dos personagens que melhor entenderam o verdadeiro tamanho da arte suave, para muito além dos tatames.

Descalce os sapatos. Amarre a sua faixa. Dirija-se ao centro do tatame, cumprimente o General e...

Boa leitura!

Introdução

Em um dia de 1985, sentado na sala de estar do nosso apartamento em Ipanema, no Rio de Janeiro, eu escutava o meu pai e o Fernando – meu irmão mais velho – debaterem seu futuro profissional, já que ele acabara de ser aprovado para cursar engenharia na Pontifícia Universidade Católica do Rio de Janeiro (PUC-RJ). Não lembro detalhes da conversa; afinal, eu não era o sujeito tampouco tinha qualquer conhecimento para opinar. Satisfeito por estar na companhia deles, limitei-me a ouvir até que meu pai perguntou o que eu faria quando crescesse. "Jiu-jítsu", respondi.

Em tom de brincadeira, ele comentou: "Estou me referindo a trabalho".

"Eu também", falei de bate-pronto.

A conversa virou na minha direção e o clima ficou mais pesado. Trabalho era um assunto muito sério em casa, e o meu pai sempre foi o nosso maior exemplo de comprometimento e sacrifício; de "fazer o que precisa ser feito".

"Você vai trabalhar com jiu-jítsu? Tem ideia do tamanho desse mercado? Se escolher engenharia, direito ou medicina, que são carreiras com um grande mercado estabelecido, você terá obviamente mais oportunidades de trabalho. O jiu-jítsu, ao contrário, me parece ter pouquíssimas possibilidades. Você acha mesmo que pode ser bom e se destacar nesse mercado?"

Do alto dos meus quinze anos de idade, respondi: "Eu acho que posso ser muito bom, e adoro fazer jiu-jítsu".

"Se você acredita nisso, vou dizer apenas duas coisas: primeiro, você vai precisar trabalhar muito duro. Depois, deve olhar adiante, ser capaz de pensar diferente da maioria. Se o mercado abrir e você tiver isso em mente, com certeza poderá achar o seu lugar".

Cresci com essa conversa na minha cabeça, um guia para que me dedicasse ao máximo na busca de ser o melhor que pudesse, não me acomodasse por qualquer conquista, mantivesse os olhos à frente e enxergasse as oportunidades que apareceriam. Eu precisaria ser diferente!

Muito do que me aconteceu até hoje sequer passava pela minha mente na ocasião daquela conversa, quando afirmei categoricamente que queria viver de jiu-jítsu. Eu não imaginava chegar tão longe, nem aprender tanto com essa arte marcial.

Dentre os grandes ensinamentos, sem dúvida está a importância de compartilhar o meu conhecimento. Isso ocorreu comigo de maneira muito natural e – infelizmente, na maioria das vezes – imperceptível. E eu demorei muito para conseguir explicar o porquê dessa paixão por ensinar e compartilhar.

Há alguns anos, tive a oportunidade de ministrar aulas para um grande expert do mundo do marketing, um americano extremamente bem-sucedido, escritor de mais de uma dezena de livros, e faixa preta em jiu-jítsu: Mark Ford. Ele me contou que uma das suas táticas usadas constantemente no mercado era o compartilhamento das estratégias e dos conhecimentos, a qual aprendera no jiu-jítsu.

É comum treinar com um mesmo grupo, fazendo com que os seus oponentes – de certa forma – conheçam seus pontos fortes e fracos. Sem a troca de conhecimentos e percepções, os treinos estagnarão.

O compartilhamento está na essência de "ser professor", mas entendo que todos deveriam usá-lo como uma fonte de autodesenvolvimento.

Segundo o senso comum, ao compartilhar, diminuímos uma vantagem competitiva. Por exemplo, se todos os dias eu praticar com determinado companheiro e aplicar-lhe a mesma chave de braço[2], terei a doce satisfação da vitória, sem qualquer desafio. Caso eu compartilhe com ele os pontos que o tornam vulnerável para tal golpe, vou melhorar o meu adversário. Aparentemente, também dificultarei o meu próprio caminho. No entanto, observando atentamente, é fácil notar que, além de fazer o bem ao meu companheiro de treino, forçarei o meu desenvolvimento – agora, terei de usar outra técnica, outra tática para vencer.

Parece óbvio que, se tenho uma disputa – seja ela uma luta ou uma estratégia de negócios –, contar ao meu adversário o que fazer não é a mais inteligente das ações. Por outro lado, acreditar que a mesma atitude funcionará para sempre é igualmente perigoso, pois leva-o a fechar-se à evolução e possíveis ataques à sua posição.

Quantos impérios caíram, quantas empresas fecharam e quantos campeões foram superados por insistirem em fazer do mesmo modo, seguindo o que "sempre funcionou"?

Por mais contraintuitivo que possa parecer, compartilhar obriga-o a evoluir ao mesmo tempo em que desafia os seus adversários a estudarem as suas táticas passadas. Isso o mantém sempre à frente, com o olhar para o futuro, em constante renovação, e favorece todos à sua volta.

A ajuda genuína não precisa ser altruísta; não existe pecado em fazer o bem a si mesmo. Desde que os conceitos éticos e morais sejam estritamente seguidos, compartilhar um saber faz com que todos melhorem, inclusive você.

Em *A virtude do egoísmo*, a autora e filósofa russa Ayn Rand classifica o altruísmo como um dos grandes problemas da humanidade, que nos leva a uma distância maior da verdade e a uma quase inevitável hipocrisia.

---

2. Movimento no qual se força a articulação do adversário usando uma alavanca criada com seu próprio corpo.

Por outro lado, fazer o bem aos outros é condição básica na descoberta do real significado da vida. Caminhar ou alcançar algum objetivo sozinho não parece uma boa estratégia em nossa eterna busca por propósito. Então, por que não sermos verdadeiros conosco e alinharmos esses conceitos?

Outro filósofo russo, Fiódor Dostoiévski, ao tratar da *"dialética da vaidade"*, propõe direcionar os nossos interesses de forma a fazer bem aos outros ao mesmo tempo em que o fazemos a nós mesmos[3].

Precisamos entender que não é possível retirar o ego da equação – o ego somos nós. A questão é como acomodá-lo em relação às outras coisas ao nosso redor. Ao colocar muita atenção, nos tornamos ególatras insensíveis, insuportáveis e, mesmo que vençamos, possivelmente enfrentaremos a solidão e as falsas amizades, as quais definitivamente não preenchem uma vida feliz. Por outro lado, não cuidar do ego e querer viver totalmente voltado para os outros vai contra a natureza humana básica – cuidar de nós mesmos –, o que acaba nos forçando a viver divididos entre dois personagens: o altruísta, que mostramos aos outros em busca de aceitação e admiração, e o nosso verdadeiro eu, fora dos holofotes, com vaidades e necessidades que tentamos esconder ao máximo dos outros.

Na minha jornada de quarenta anos de jiu-jítsu, tive que aprender a lidar com essa dualidade atleta-professor. Para ser campeão, é necessária uma dose grande de egoísmo – só há um vencedor em cada disputa. Por outro lado, no papel de professor, tudo deve ser feito para o aluno, ou seja, para o outro.

Precisei navegar nesses dois mundos paralelos ao mesmo tempo desde muito novo, treinando para vencer e trabalhando com pessoas que, com frequência, tinham objetivos diferentes no jiu-jítsu. Alinhar esses caminhos foi o que me trouxe até

---

[3]. Segundo o autor Joseph Frank, na obra *Dostoiévski: um escritor em seu tempo*, publicada pela Editora Companhia das Letras.

aqui, permitindo-me aprender algumas lições importantes que pretendo compartilhar com vocês ao longo das próximas páginas.

Não sei se esse será considerado um livro sobre jiu-jítsu, mas espero ser capaz de ajudar aqueles que já praticam a aplicar os conceitos da arte, bem como despertar a curiosidade e o interesse daqueles que ainda não colocaram o quimono.

Prepara. Valendo!

CAPÍTULO 1
A história

"A história é escrita pelos vencedores", diz a frase célebre atribuída a George Orwell, pseudônimo de Eric Arthur Blair, autor de *1984* e *A revolução dos bichos*, dois grandes romances distópicos.

Os acontecimentos são contados ao longo do tempo de diferentes formas, e os conhecimentos passados de geração para geração fazem parte da evolução da humanidade – não importa se transmitidos de forma prática, narrada ou escrita. A veracidade dos eventos é reservada apenas àqueles que os vivenciaram, embora a forma como são contados possa influenciar por completo as futuras gerações e, assim, o mundo como o conhecemos.

Quando refletimos sobre o ditado popular "quem conta um conto aumenta um ponto" notamos que, quanto mais antiga a história, mais longe da verdade nós estamos – conseguimos imaginar uma progressão geométrica de quão distantes podemos estar do fato em si à medida que o tempo se afasta. Sendo assim, a busca da verdade continua sendo um dos grandes desafios do homem.

No berço da Civilização Ocidental, os grandes pensadores da Grécia Antiga, especialmente aqueles conhecidos como pré-Socráticos – como Tales de Mileto, Heráclito de Éfeso e Parmênides – tentavam descobrir a razão das coisas, entender as verdades do mundo através da *physis,* o estudo da natureza.

Sócrates, conhecido como o pai da filosofia, buscou entender o homem, o convívio em sociedade, a justiça, a moral e a verdade. Ele, que se definia através da máxima "só sei que nada sei", disputava o palco com os sofistas, um grupo de pensadores que tinham a retórica e o poder do argumento como suas principais características, e que se opunham ao conceito de uma verdade única – para eles, há a versão consensual dos acontecimentos.

Entendo que a história muitas vezes é dividida: de um lado, relatos comprovados; de outro, narrativas que, de tanto serem contadas por agentes vitoriosos ou dominantes da época, tornam-se "axiomas" – mesmo não representando exatamente os fatos – e ostentam o poder de influenciar gerações.

A história do jiu-jítsu – como passada à época, no início da década de 1980 – foi sem dúvida romantizada e narrada por vencedores, uma vez que a família Gracie dominava completamente o cenário do esporte no Rio de Janeiro. Replico aqui exatamente o que me contaram e, consequentemente, influenciou-me ao longo de minha jornada.

O relato tem início no Japão, no começo do século XX, fim da Era Meiji. A abertura dos portos nipônicos ao Ocidente permitiu uma grande migração de japoneses para a América, inclusive o Brasil.

Em uma dessas imigrações, aportou em Belém do Pará um lutador e campeão, Mitsuyo Maeda, apelidado de Conde Koma. Gastão Gracie, empresário influente, ajudou a comunidade nipônica a se estabelecer na cidade e, como forma de mostrar sua gratidão, Maeda se ofereceu para ensinar jiu-jítsu a seu filho mais velho, Carlos Gracie, com a condição de que o jovem mantivesse em segredo os ensinamentos. A transformação daquele adolescente indisciplinado foi visível. Ele começou a frequentar as aulas do mestre, passou a cuidar muito da saúde e a cumprir todas as suas responsabilidades.

Anos depois, a família Gracie se mudou para o Rio de Janeiro, e o jovem Carlos passou então a ensinar a arte marcial aos quatro irmãos mais novos – Oswaldo, George, Gastão Jr.

e Hélio –, e começaram a desafiar os lutadores da cidade no intuito de provar a eficiência do jiu-jítsu.

Com o sucesso nos combates, fundaram a academia Gracie em 1925 no Rio de Janeiro. A família ganhou notoriedade através das lutas de Carlos e, posteriormente, de Oswaldo e George – apelidado de Gato Ruivo por sua agilidade e técnica. Carlos era mentor e líder dos irmãos.

Os conflitos começaram a aparecer quando George passou a ser convidado para lutas combinadas, muito comuns à época, com o que Carlos veementemente discordava. A relação entre eles se rompeu, e George saiu em viagem pelo Brasil, levando o jiu-jítsu principalmente para o interior de São Paulo, enquanto Oswaldo ajudava a difundir o esporte em Minas Gerais.

A história conta que Hélio Gracie, um jovem franzino e doente que sentia vertigens, foi proibido pelo médico de fazer qualquer atividade física. Grande admirador do irmão mais velho, ele assistia sempre às suas aulas e, dessa forma, foi se familiarizando com as técnicas. Um belo dia, Carlos se atrasou e Hélio, que estava na academia, recebeu uma pessoa, oferecendo-se para treiná-lo no lugar do irmão. O aluno aceitou e, ao final, pediu a Carlos para que, a partir daquele dia, fizesse as aulas com – o agora professor – Hélio.

Após a separação de George e Oswaldo, Hélio passou a ser o principal lutador da família, sob mentoria de Carlos, que escolhia seus adversários, fazia desafios e promovia o nome da academia Gracie por toda a cidade.

Hélio se tornou o grande nome da família e revolucionou as técnicas até então aprendidas, no sentido de adaptar o seu físico franzino à eficiência na execução dos movimentos, aplicando o princípio da alavanca de forma a reduzir a necessidade do uso de força física.

Os feitos de Hélio Gracie são históricos e sua valentia, indiscutível. Lutas sem tempo com adversários muito mais fortes e pesados, aliadas a uma autoconfiança inabalável em sua técnica e no jiu-jítsu, fizeram dele o maior lutador do Brasil na época.

Duas lutas, duas derrotas são as mais famosas histórias contadas sobre Hélio Gracie.

A primeira delas ocorreu após a vitória por estrangulamento sobre o vice-campeão mundial Yukio Kato, condição estabelecida pelo campeão de Judô mundial Masahiro Kimura para aceitar o desafio proposto por Hélio.

Em outubro de 1951, Kimura e Hélio lutaram no estádio do Maracanã em um embate que durou treze minutos. O japonês, com 31 quilos a mais do que Hélio, havia comentado que seu adversário poderia se considerar vencedor caso durasse mais do que três minutos.

A segunda luta aconteceu em 1955, e foi considerada por Hélio como uma briga, pois aconteceu contra um ex-aluno faixa preta, Waldemar Santana, que também foi funcionário da academia Gracie – demitido após esquecer as torneiras abertas e quase inundar a academia.

Um tempo depois, Hélio permitiu que voltasse a fazer parte do quadro de alunos, porém uma proposta para lutar em um local onde historicamente aconteciam as lutas combinadas trouxe à tona novamente o conflito entre os dois. Hélio Gracie não concordou com a participação de Waldemar e o expulsou mais uma vez.

Insuflado por pessoas à sua volta, o ex-aluno desafiou o mestre. Até hoje, o embate figura como o mais longo da história, e teve seu desfecho após cerca de três horas, quando um exausto Hélio, de quarenta e dois anos, caído, tomou um chute derradeiro no rosto.

Um ano após essa luta, entrou em cena a figura do sucessor da família Gracie. Considerado por muitos como o melhor lutador de todos os tempos, Carlson vingou o seu tio Hélio em um momento histórico acontecido no Maracanãzinho. Ele ainda veio a enfrentar Waldemar Santana outras vezes, bem como com dezenas de outros lutadores, e nunca foi derrotado.

Com Carlson como o principal lutador e Hélio como professor, a família Gracie seguiu a tradição e espalhou sua fama por todo o Brasil.

Já na década de 1970, Carlson montou o seu próprio espaço, em Copacabana, ao lado do irmão mais novo, Rolls, filho de Carlos criado por Hélio e já considerado o novo campeão da família.

Nessa época, Romero Jacaré Cavalcanti – que se tornou o meu mestre em 1985 –, retornou ao jiu-jítsu para treinar com Toninho e Rolls. A partir daqui, a história chegou a mim quase toda contada por ele.

Campeonatos de jiu-jítsu começaram a acontecer entre colégios, principalmente os localizados no subúrbio do Rio de Janeiro e que tinham uma linhagem um pouco diferente da academia Gracie – eram alunos do mestre Fadda.

As academias do Hélio, do Carlson e do Rolls faziam seletivas internas entre os alunos, e os melhores as representavam nos torneios.

Em 1982, um trágico acidente de asa-delta tirou a vida de Rolls aos trinta e três anos de idade. Apenas seis meses antes, Jacaré havia sido graduado como o sexto e último faixa preta do lendário mestre.

Após o falecimento de Rolls, outro líder emergiu como o número um da família. Rickson, que acabara de passar por um teste de fogo em uma luta realizada em Brasília contra o temido Rei Zulu, estava pronto para assumir o posto.

Esse é um resumo conciso do que aconteceu e de quem eram as principais personagens o jiu-jítsu quando comecei a treinar, no segundo semestre de 1983. São fatos que ainda me encantam, pois falam sobre a valentia e a coragem dos lutadores da família Gracie no processo de formação de seus alunos, muitos dos quais ainda famosos – João Alberto Barreto, Pedro Hemetério, Hélio Vígio e tantos outros. As suas histórias despertaram a minha admiração, e alimentaram a vontade de fazer parte daquele mundo.

Sob a direção do mestre Hélio e com Rickson sendo o grande campeão, Carlson despontou como o melhor professor, treinando um número enorme de vitoriosos.

O jiu-jítsu cresceu muito nesses quarenta anos, e todas as tentativas de contestar a história contada pela família Gracie – por que não dizer "pelos vencedores"? –, nunca prosperou. Há narrativas divergentes contadas por Carlson, e até algumas brigas dentro da família, mas a liderança efetiva parece não ser uma questão.

Em 2008, Reila, filha do mestre Carlos e mãe do campeão Roger Gracie, entendeu que a imagem do pai estava sendo apagada da história como o fundador da arte marcial no Brasil. Decidiu escrever a obra *Carlos Gracie, o criador de uma dinastia*, livro que caiu como uma bomba na comunidade do jiu-jítsu e desagradou muitos membros da família por expor intimidades e contar uma versão bem menos romantizada das demais. Sem tirar o brilhantismo de Hélio como lutador e professor, deixou claro que os passos principais e a liderança efetiva estiveram sempre nas mãos de Carlos, que o instruía em absolutamente tudo. Além disso, desconstruiu a ideia de que Hélio nunca havia treinado até se tornar professor, entre outros pontos.

Como o jiu-jítsu não parou de crescer, tendo ganhado os Estados Unidos e o mundo, os olhos de muitos historiadores se voltaram para a busca da verdade sobre a sua trajetória no Brasil. Atualmente, enxergamos muitos outros personagens e percebemos muito mais detalhes.

Em *Muito antes do MMA*, os historiadores Elton Silva e Eduardo Corrêa fizeram extensa pesquisa desde os primeiros eventos da luta no Brasil, no início do século XX, coletando documentos ricos sobre a influência de outros estilos de luta, o caminho percorrido pelos principais lutadores e suas conexões, quem aprendeu com quem, como se formaram e quais são as linhagens mais importantes das artes marciais no Brasil.

A família Gracie cultivou uma legião de alunos, lutadores e fãs, defensores dos valores do jiu-jítsu, admiradores da coragem, valentia e respeito demonstrados ao longo de décadas de luta, o que prova a sua superioridade como arte marcial.

Não aceitar lutas combinadas, propícias a manchar a honra do jiu-jítsu e o que ele defende, também desenvolveu o sentimento oposto em muitos adversários. Derrotados nos ringues e até fora deles, nutriram uma rivalidade e tentaram contestar a história, sem conseguir provar absolutamente nada que mude o fato do jiu-jítsu ser a forma mais eficiente de luta.

Eu cresci sob a aura de invencibilidade criada pela família. Ouvir que um lutador de jiu-jítsu com mais de 80 quilos era invencível foi, sem dúvida, essencial no desenvolvimento de minha autoconfiança. A técnica aprendida e a maneira como foi ensinada confirmam o meu sentimento de que somos capazes de qualquer coisa.

Como disse no início desse capítulo, há diferentes narrativas para a mesma história. Os fatos podem ser descritos exatamente como aconteceram, romantizados ou até transformados, mas a descrição que conheci moldou muito o homem que sou.

CAPÍTULO 2

O começo

Minha infância foi recheada de esportes e competições. Desde muito cedo, sempre participei de torneios no Clube Federal do Rio de Janeiro. Meus pais incentivavam, a mim e aos meus irmãos, a aventurarmo-nos em esportes diferentes e o clube promovia anualmente uma olimpíada, na qual os associados eram divididos em cinco ou seis equipes para competições de absolutamente tudo – tênis de mesa, patinação, futebol, natação, basquete, sinuca, atletismo etc. Era muito divertido e tínhamos a oportunidade de experimentar diversas modalidades – por muitas vezes – no mesmo dia, somando pontos para a equipe. Era uma grande festa durante o mês de julho.

Competir entre amigos desde muito cedo, e experimentar diferentes esportes me fizeram entender as minhas capacidades e habilidades, assim como quais atividades eram mais difíceis para mim.

Os anos foram se passando e as competições começaram a sair da esfera controlada de um clube, onde eu conhecia praticamente todos os sócios e funcionários, para torneios com convidados de fora.

No futebol, nosso time enfrentava frequentemente as escolinhas da cidade. Treinávamos duas vezes por semana e jogávamos aos sábados. O nosso treinador – e meu primeiro mestre – foi o Carlinhos, conhecido ex-jogador do Flamengo (clube de futebol do Rio de Janeiro), que veio a ser técnico e campeão brasileiro da série A anos depois pelo mesmo time.

Eu era habilidoso e um dos destaques do time. Um dia, reclamei que um companheiro estava me passando a bola repetidamente de forma errada, e recebi a seguinte lição do professor: "Você acha que as coisas devem sempre acontecer como você deseja? Quando algo sai diferente, quer culpar o outro? É a sua obrigação dominar a bola venha ela como vier. Pare de reclamar dos outros e dê o seu jeito!"

Carlinhos estava sempre à beira do campo. Era um líder que jogava junto do time, importava-se de verdade, e isso nos fazia querer entregar o resultado, algo além da nossa vontade apenas. Seu engajamento foi, sem dúvida, um fator motivacional muito importante no esporte e eu, que sempre lutei por algo maior, encontrei esse entendimento praticando uma atividade coletiva.

O futebol me acompanhou por toda a infância e início da adolescência, e todos os outros esportes conviveram com ele simultaneamente. Em uma determinada época, quadras públicas de tênis foram construídas no Aterro do Flamengo e na Lagoa, onde tive aulas. Lembro que, logo no início, o professor colocou o grupo de aproximadamente dez crianças alinhadas com as duas mãos na raquete, como se esperássemos a bola. Ele deu o comando para que nos posicionássemos para uma batida de direita *forehand*[4]. A turma toda foi para a direita e eu, para a esquerda – minha mão dominante. Ouvi o professor gritar: "Você não me ouviu falar direita?"

Rapidamente balancei a cabeça em anuência e troquei de mão, passando a jogar tênis com a mão direita. Graças à bilateralidade, isso não foi um problema e aprendi, com os esportes, a tirar o melhor proveito dessa condição.

O tênis se tornou o meu foco por alguns anos. Disputei torneios e o meu pai começou a acreditar que eu poderia ter

---

4. *Forehand* é um movimento no qual o tenista bate na bola segurando a raquete com a palma da mão virada para a frente.

futuro como tenista. Todos em casa jogavam, e isso contribuiu para o meu desenvolvimento, mas não demorei a me dedicar a outra coisa.

A minha irmã jogava vôlei no clube do Fluminense e, provavelmente por comodidade, a nossa mãe começou a me levar com ela. As aulas aconteciam duas vezes por semana à tarde, mas logo fui indicado para assumir uma vaga na equipe do clube.

Aumentaram os dias de treino e, principalmente, mudou o professor. Meu segundo mestre foi ninguém menos do que o Bené, lendário treinador de vôlei que trabalhara jogadores como Bernard e Bernardinho, entre outros craques da seleção brasileira da época. Ele era muito respeitado e rigoroso. Certa vez, machuquei o dedo mínimo jogando handebol no colégio. Como não podia faltar ao treino de jeito nenhum, fui ao clube com o dedo enfaixado para explicar o ocorrido e tentar, pelo menos, assistir ao treino do grupo. Bené ouviu minha explicação com atenção e me perguntou: "Você machucou o dedo mínimo, correto? E quem disse que se usa esse dedo para jogar vôlei?"

Tentei explicar que o meu dedo estava latejando e bastante machucado, e antes de terminar a frase, ele me entregou uma *medicine ball* de 3 quilos e disse: "Vá até aquela parede e faça mil toques com essa bola. Depois volte aqui para eu passar outro exercício".

Ele me ensinou, dentre tantas coisas, que sempre é possível fazer alguma coisa, não importa a nossa situação, e que campeões não perdem treino, pois estes são irrecuperáveis. Grandes lições aprendidas.

Joguei dois campeonatos cariocas pelo Fluminense, mas o nosso time era ruim e raramente ganhávamos um jogo. O Bené estava sempre lá, gritando com todos como se fosse a final do campeonato. Foi uma época interessante e de muito aprendizado, mas eu não conhecia ninguém, os meus companheiros de time não eram meus amigos, eu não estava mais no Clube Federal, e tudo foi me desestimulando, assim como o vôlei em si.

A adolescência é definitivamente uma fase difícil, com muitas mudanças, dúvidas, novos caminhos e amizades. É o momento no qual começamos a ganhar alguma liberdade e, como nem sempre os pais estão por perto, é impossível não sentir algum grau de insegurança. Muitas vezes, fazemos escolhas erradas apenas para sermos incluídos naquele novo grupo.

Eu tinha meus amigos da escola, com quem estudava desde o maternal. Na adolescência, comecei a voltar para casa sozinho ou com alguns amigos que moravam na mesma direção. Andávamos pelo calçadão de Ipanema, um caminho quase sempre seguro e definitivamente muito bonito.

Minha rotina era sempre a mesma, e começava logo cedo com os preparativos para o colégio – e a primeira disputa do dia com meus irmãos para ver quem sentaria na frente do carro com o meu pai, que nos deixava na escola, a menos de dez minutos de casa, antes de seguir para o trabalho no bairro de Bonsucesso.

Meu pai trabalhou na Nestlé por mais de trinta anos. Suas manhãs eram tensas e, para que todos acordassem a tempo, ele começava nos chamando a cada cinco minutos. Por fim, se nada surtisse efeito, um copo de água gelada era infalível.

Após a escola, eu almoçava em casa, via o jornal de esportes na TV e, no meio da tarde, ia para o curso de inglês ou outra atividade obrigatória. Então, praticava no clube até a noite, quando meus pais também chegavam. Voltávamos para casa todos juntos e seguíamos a semana.

CAPÍTULO 3

O jiu-jítsu na minha vida

Cada dia que passava, a minha independência aumentava e, com ela, a insegurança. Comecei a sentir que seria muito bom aprender uma luta, e já havia me envolvido em diversas brigas no colégio e no clube. Só o fato de ser mais atlético e disposto já me garantia algum resultado, porém comecei a perceber que essa vantagem não era verdadeira. Estava na hora de testar outro esporte – pela primeira vez, uma luta.

O Caratê foi o primeiro escolhido, pois eu via filmes de Bruce Lee na televisão e achava que seria muito bom saber lutar daquele jeito. No Leblon, ficava localizada uma das melhores academias do país, a Shotokan do mestre Hiroyasu Inoki, e foi lá que me matriculei. Eu ia correndo pela praia por pouco mais de dois quilômetros, treinava e pegava um ônibus na volta. Fazia isso três vezes por semana – nos outros dias, eu tentava aplicar o que aprendera em meu irmão, o que nunca funcionava.

Segui treinando por cerca de seis meses até que, um dia, assistindo ao jornal esportivo, algo me chamou a atenção. O Rei Zulu, lutador maranhense gigantesco que devia pesar uns 120 quilos de puro músculo, apareceu na televisão dizendo mais ou menos o seguinte: "Eu desafio qualquer lutador para uma luta sem regras, mas não venha nenhum carateca, pois será um 'ai' para entrar e um 'ai' para sair"[5].

Ele se referia ao *kiai*, grito de energia frequentemente usado por caratecas. Aquilo me deixou intrigado. Alguns dias depois, um jovem moreno, magro e com a voz bem tranquila aceitou o desafio[6]. Explicou calmamente que a família a qual ele pertencia jamais fugia, e que estava pronto para enfrentar qualquer um.

Era fascinante pensar em como um garoto daqueles venceria um homem enorme como o Rei Zulu, com mais de duzentas lutas de vale tudo. Foi assim que o jiu-jítsu entrou no meu radar.

No colégio e no clube, eu procurava os meus amigos para obter mais informações enquanto tentava convencer minha mãe a deixar eu parar o Caratê e me matricular no jiu-jítsu. Um amigo, o Pedro, já havia praticado e me disse que voltaria a fazer se eu fosse com ele. Então, descobrimos uma academia, originalmente de Judô, perto de nossa escola no Posto 6 em Copacabana. Não era tão perto da minha casa, mas aceitei e fomos lá. O dono era o Carlos de Tarso, que nos recebeu muito bem e nos apresentou ao Toninho, um professor de cerca de cinquenta anos supersimpático, e que rapidamente nos ofereceu uma aula.

Era um lugar muito pequeno, em uma sobreloja da Galeria Alaska, ponto de boemia carioca nada bem frequentado. Chegávamos por volta de dezoito e íamos embora às vinte horas, não sendo afetados pelo local. Na entrada, uma mesinha de madeira funcionava como recepção. À direita, um vestiário onde cabiam talvez quatro pessoas ao mesmo tempo. À esquerda, o tatame de cerca de quatro metros por oito, com uma única janela no final.

As primeiras aulas foram simplesmente incríveis; era tudo lógico e eficiente. Como a academia tinha poucos alunos, nós recebíamos muita atenção por parte do professor, que foi se

---

5. Mesmo sem ser do jiu-jítsu, o Rei Zulu repetiu um desafio característico da família Gracie no início da prática da arte marcial no Brasil.
6. Mais tarde, descobri que se tratava de Rickson Gracie.

afeiçoando a mim ao ver que eu estava realmente dedicado e com vontade de aprender.

Com alguns meses dedicados ao jiu-jítsu, as minhas disputas com meu irmão começaram a mudar: eu deixei de precisar de tamanho ou força, pois a técnica que eu já possuía era suficiente para dominá-lo. Passei a adorar aquilo, a sensação de poder ao dominar um irmão três anos e meio mais velho. Eu não faltava a um treino e, quando completei uns seis meses de academia, o Fernando decidiu treinar também. Isso foi ótimo porque passei a ter companhia para ir e voltar, além de alguém para praticar em casa. Nessa época, o Pedro diminuiu a frequência dos treinos.

Minha irmã, Flavia, dois anos mais velha do que eu, começou a namorar o Heleno, um homem muito bacana que tinha a mesma idade do nosso irmão mais velho e morava na quadra de trás da nossa casa em Ipanema. Ele frequentava a praia no mesmo lugar e era muito respeitado pela turma da rua. O motivo? Era faixa azul da academia Gracie. O Heleno tinha um jiu-jítsu muito melhor do que o nosso e, de vez em quando, treinávamos juntos.

Com aproximadamente um ano de prática, o jiu-jítsu já era minha paixão. Abandonei todos os outros esportes e passei a me dedicar exclusivamente a ele. Então, fomos comunicados que a academia encerraria as atividades e o nosso professor recomendou que nos mudássemos para o tatame do Pinduka, um craque da Carlson Gracie, no final de Copacabana. O Pedro seguiu a orientação, mas, como era muito fora de mão para mim, nos separamos. Eu recorri ao Heleno e pedi para que me levasse para treinar com ele.

Combinamos de ir uma noite à academia na rua Figueiredo Magalhães, em Copacabana. Originalmente, o lugar era dividido entre o Carlson e o Rolls, que alternavam os dias da semana para treinar seus alunos. Com a morte do Rolls, o Carlos assumiu a parte dele e o espaço passou a se chamar Carlos Gracie Jr.

Subimos as escadas e, mesmo não tendo planejado treinar imediatamente, estava bastante nervoso para ver como seria. O Heleno correu para o vestiário para se trocar enquanto fiquei sentado assistindo à aula. O tatame estava lotado, e eu lembro das duplas fazendo técnica enquanto o Carlinhos andava por entre elas corrigindo os alunos.

Ali, comecei a visualizar como seriam os meus dias e como faria para ir até Copacabana. O treino era bem diferente do que eu estava acostumado – além de muitos alunos graduados, existia uma intensidade diversa da que adotávamos na outra academia.

Eu queria muito fazer parte daquilo. Então, na volta, perguntei ao Heleno quando poderia começar as aulas; ele respondeu que achava melhor eu não treinar na academia dele, porque era muito cheia e o treino direcionado somente para adultos. Para ele, não seria uma boa escolha, pois eu não receberia a atenção necessária para me desenvolver.

Fiquei decepcionado, e até achei que era ele quem não queria que eu fosse treinar no mesmo lugar, mas depois percebi que aquele não era o meu destino.

CAPÍTULO 4
Jacaré jiu-jítsu

Alguns dias depois de visitar a Carlos Gracie Jr. com o Heleno, ele me contou sobre uma academia que inaugurara em Ipanema perto da minha casa, da qual o professor era um faixa preta – graduado pelo lendário Rolls – chamado Romero Jacaré.

"Uma academia começando com um ótimo professor é o melhor cenário possível para aprender", ele me disse.

Eu estava muito entusiasmado. Afinal, seria mais fácil convencer a minha mãe a me deixar treinar a três quadras da minha casa do que em Copacabana e, conforme os argumentos do Heleno, eu estaria em ótimas mãos.

A academia oferecia um horário no fim da tarde que se encaixava perfeitamente na minha rotina, pois era logo após o meu curso de inglês às terças e quintas, e eu poderia sair direto para o treino.

Quando cheguei com a minha mãe para ver preços e horários, conheci o Jacaré e a minha impressão foi a melhor possível. Fui superbem recebido e, ao comentar que havia treinado um ano com o Toninho, descobri que este também havia sido o primeiro professor do Jacaré, muitos anos antes, na academia Gracie. Uma coincidência incrível.

Com tudo combinado, já na faixa laranja, comecei a treinar sob a tutela do mestre Romero Jacaré Cavalcanti. Na minha aula inicial, fiz o aquecimento, as técnicas do dia e, na hora do treino, o professor casou os pares. Treinei muito bem com os alunos; mesmo sendo apenas um garoto de catorze anos, eu já tinha uma boa constituição física e alguma técnica.

Fui bem no primeiro e no segundo, até que o próprio Jacaré me chamou para treinar com ele. Não me lembro muito bem desse treino – talvez pela emoção – mas, segundo ele, apanhei bastante. Até hoje, ele conta rindo que pensou: "acho que esse garoto não vai voltar".

Eu fiquei extremamente feliz de poder fazer jiu-jítsu e ter uma casa nova, e finalmente entendi que a recomendação do Heleno fora muito acertada – o lugar tinha um clima ótimo e o Jacaré era um professor muito atencioso e dedicado. No dia seguinte, eu já estava de volta. Aquele lugar transformou a minha vida e me moldou como homem.

A academia, originalmente de Judô, ficava na sobreloja de um prédio residencial no começo da rua Visconde de Pirajá, em Ipanema. Eram três salas de cerca de sessenta metros quadrados: na primeira, o tatame; na segunda, uma sala de ginástica; e na terceira, a sala de musculação.

O lugar não pertencia ao Jacaré, que dispunha de apenas alguns horários por semana para ministrar aulas de jiu-jítsu. Dividido por um pilar que ficava próximo das duas pequenas e únicas janelas, havia um vestiário bem apertado com um chuveiro sem aquecimento. Não demorou muito para os treinos começarem a encher e, com isso, o Jacaré conseguir mais horários ao longo do dia. Eu comparecia sempre que podia, e a minha habilidade melhorou rapidamente.

O Jacaré, nessa época, treinava com o Rickson na academia Gracie do Humaitá às segundas, quartas e sextas às onze horas da manhã. Eu adorava ouvir as histórias que chegavam todos os dias sobre os treinos, as amizades, a família Gracie, as lutas das quais participavam – tudo era muito legal e compreendi que era um mundo do qual queria fazer parte.

Os campeonatos não eram muito comuns na época e aconteciam apenas esporadicamente. Enfim, quando uma das lojas mais icônicas do Rio de Janeiro anunciou que faria a primeira Copa Company de jiu-jítsu, o Jacaré perguntou na academia quem gostaria de lutar. Eu imediatamente me apresentei. Entretanto, a idade mínima era dezoito anos, e eu acabara de completar quinze – sequer poderia ser faixa azul, já que a idade mínima é dezesseis.

Ainda assim, como eu já treinava com os adultos, o Jacaré concordou em me levar para fazer a seletiva dentro da academia Gracie. Se eu fosse bem, pensaríamos em como resolver a questão.

Cheguei para disputar a seletiva ainda de faixa laranja e, embora tenha lutado razoavelmente bem, perdi a classificatória e fiquei fora do campeonato. Conheci o Rickson, que estava coordenando, organizando, e arbitrando algumas lutas, e lembrei da imagem do garoto na televisão aceitando o desafio do Rei Zulu, vencido pelo Gracie[7]. Agora, eu estava dentro do mesmo tatame, fazia parte do mesmo time, e ele foi extremamente gentil, chegando a fazer um pequeno elogio sobre a minha performance.

Percebi que precisava treinar muito mais. Se eu não consegui nem me classificar, imagina se fosse um campeonato oficial? Voltei decidido a me dedicar ainda mais aos treinos e, mesmo antes de completar a idade mínima, recebi a faixa azul das mãos do mestre Jacaré.

A academia seguiu crescendo bastante, e o grupo já tinha tantos atletas que a Gracie não pôde comportar uma seletiva interna. O meu mestre, então, decidiu que competiríamos pela recém-fundada Jacaré jiu-jítsu, unindo os alunos de Ipanema e do Leblon, onde ele ainda dava aulas às terças e quintas à noite.

O campeonato aconteceu no Clube Militar do Rio de Janeiro, no bairro do Jardim Botânico, e foi financiado pela Vansport,

---

7. Rickson venceu com um mata-leão, técnica que consiste em estrangular o adversário pelas costas.

uma loja de artigos esportivos. Montamos a equipe e, na última hora, conseguimos um patrocinador que ofereceu um quimono para cada atleta.

Naquela época, existiam dois modelos de quimono: o trançado – como o que usamos hoje – e o reforçado – o qual ganhamos, era liso, de sarja, bem mais simples e leve. O quimono era horrível, mas tivemos de usar. Afinal, lutar um primeiro campeonato com patrocínio era algo impensável.

O evento foi dividido em dois finais de semana: o primeiro, reservado para as eliminatórias; o segundo, para as semifinais e finais.

Lutei inicialmente com Adilson Lima, atleta que enfrentei várias vezes depois e que se tornou um grande campeão e professor de jiu-jítsu. Finalizei esse embate com um triângulo[8]. Depois, aguardei o vencedor da disputa entre Manimal e Jessé, atletas extremamente fortes, que levantaram o ginásio em uma luta eletrizante.

Enquanto assistia, eu pensava no quanto eles eram agressivos, imaginando como faria para enfrentar um deles. O Jacaré, que provavelmente leu os meus pensamentos, encostou do meu lado e comentou: "Quanta brutalidade! Esses caras não serão páreo para sua técnica. Pode vir qualquer um. Vamos aquecer para a próxima".

Seu objetivo claramente era me tirar dali para que eu parasse de assistir àquela luta na qual os competidores estavam se matando, atingindo o limite das regras. Visualmente, parecia mais uma briga, com quedas e bate estacas – movimento hoje proibido nos campeonatos, no qual o atleta projeta o adversário no chão quando dentro de sua guarda. O vencedor foi o Manimal, famoso aluno do Carlson e um grande casca-grossa[9] e meu próximo adversário.

---

8. O triângulo consiste em estrangular o adversário com as pernas.
9. Gíria utilizada para se referir aos lutadores temíveis, que encaram qualquer desafio, são resilientes, focados.

Quando a luta começou, puxei para a guarda fechada[10], raspei[11] e montei[12], porém a estabilização de um competidor forte como o Manimal não é simples. No início, foi muito difícil. Ele virou de costas e ficou em pé, ao que eu imediatamente coloquei os ganchos[13] e tornei-me uma mochila em suas costas.

Enfim, ouvi quando alguém do lado de fora tentou convencê-lo a se jogar para trás e cair por cima de mim, como fizera na luta anterior. Mesmo quando o Manimal respondeu que jamais faria isso – porque eu era um garoto e ele deveria me vencer na técnica –, achei mais prudente sair da posição de mochila.

Consegui conduzir a luta para uma vitória tranquila, e recebi uma grande lição do Manimal sobre ética esportiva e valores: vencer a qualquer preço não é o caminho.

Fui classificado para a semifinal na semana seguinte, e ainda tentaria o absoluto, categoria sem limite de peso. Na minha primeira luta, sofri um ataque no braço[14], o que defendi embora não tenha conseguido desfazer a posição. Fiquei preso por alguns minutos até escutar a orientação do Jacaré do outro lado do ginásio me dizendo para pular por cima para a esquerda. Foi a luz que eu precisava. Seguindo o conselho, desfiz a posição e sai do perigo. Não havia tempo suficiente para virar o jogo, e perdi nas vantagens. Fiquei satisfeito com a minha performance naquele primeiro dia de campeonato, e feliz, pois estava classificado para as semifinais.

Meu adversário estava definido, um aluno da Gracie, Carlos Eduardo. Não lembro se ele também participou da primeira

---

10. Trata-se de pular com as pernas ao redor da cintura do adversário.
11. Raspagem é um movimento de inversão, quando atleta sai da posição de baixo utilizando as pernas.
12. A montada é a posição de domínio máximo no jiu-jítsu, quando atleta se coloca por cima com os dois joelhos no chão, sentado no peito do adversário.
13. Ganchos são um domínio pelas costas, no qual os pés são colocados na parte interna das coxas do adversário.
14. Ataque no braço trata-se de uma tentativa de *armlock*, golpe que tem o poder de encerrar uma luta.

seletiva interna, mas eu estava confiante, porque já era um lutador completamente diferente naquele ponto.

Nossa academia tinha uma ligação ainda forte com a dele, pois o Jacaré e o Malibu, faixa marrom à época e convidado para auxiliar nas aulas, ainda a frequentavam. Além de ter praticado com o Rolls e com o Rickson, de ser um lutador preparado e muito divertido, ele treinava bastante com a nossa turma. O Malibu não apenas ensinava, como passava a real noção do nível técnico que estávamos atingindo. Assim, comentamos que seria legal eu ir a um treino diferente, talvez até na Gracie.

Não me recordo de quem foi a ideia, mas o fato é que fui impedido pelo próprio Rickson, explicando gentilmente que não poderia permitir, já que eu enfrentaria um aluno dali. Éramos amigos, mas representávamos equipes diferentes.

Chegaram aos meus ouvidos as qualidades do meu adversário, no que ele era bom, quais lutas havia vencido até ali e outras coisas. Isso, na verdade, aconteceu muitas vezes ao longo da minha carreira.

As pessoas tendem a endeusar os seus oponentes, prestar atenção aos comentários que frequentemente não acrescentam nada. Uma coisa é analisar uma característica do seu adversário objetivamente, outra é projetar que ele é melhor do que de fato é.

Não me abalei em absolutamente nada e fui para a luta com a minha estratégia bem definida. Passei a guarda[15], montei e finalizei para me classificar para minha primeira final de campeonato.

A final aconteceu contra um veterano do Carlson, Bráulio Carsalade. A luta foi equilibrada e não houve pontos. Quando levantamos e nos posicionamos com o árbitro entre nós para anunciar o vencedor, encaramos os três juízes laterais. Eles votariam com as bandeiras: branca a meu favor, e verde e amarela a favor do adversário. Todos deveriam levantá-las ao mesmo

---

15. Passar a guarda trata-se de um movimento em que se transpassa a defesa de pernas do adversário chegando ao domínio do tronco em uma imobilização; vale três pontos em uma competição.

tempo. Os dois primeiros dividiram-se, uma para cada um de nós. O terceiro juiz foi o próprio Carlson – era bastante comum na época que os professores ajudassem na arbitragem –, que selou a minha derrota com a bandeira verde e amarela.

Essa foi a minha primeira competição, e conquistei o vice-campeonato na categoria adulto com apenas quinze anos de idade. Fiquei feliz com o resultado, mas o mais marcante foi chamar a atenção de diversos amigos do Jacaré, que vieram elogiar a minha performance, manifestar o seu apoio sobre a injustiça da minha derrota, incentivar-me e dizer que eu tinha muito futuro. Todos aqueles comentários nutriram a minha vontade de dedicar-me ainda mais, e alimentaram a certeza de que eu poderia ser realmente bom em jiu-jítsu.

Era hora de voltar para a academia e treinar.

CAPÍTULO 5
O primeiro título

O ano de 1985 estava acabando e, enquanto eu seguia evoluindo no tatame, as coisas não iam tão bem na escola. Nunca fui um dos alunos mais estudiosos, mas sempre passei de ano sem muitas dificuldades.

No primeiro ano do segundo grau, o ensino naturalmente havia ficado mais rígido, mas eu só pensava nos treinos e não tinha tempo para outras coisas. Abandonei os outros esportes, relegando-os aos finais de semana quando praticava por prazer, e o jiu-jítsu se tornou a minha prioridade – embora isso não tenha me livrado de outras obrigações.

Ao final do ano, fiquei em algumas recuperações no colégio – nada que nunca tivesse acontecido – e segui confiante de que tudo daria certo. Seriam quinze dias de aulas de reforço e provas. Enfim, fui reprovado em língua portuguesa e física. A ideia de atrasar um ano da minha vida escolar parecia tenebrosa e caiu como uma bomba na minha família.

Analisamos as possibilidades: continuar no mesmo colégio e repetir o primeiro ano – o que eu achava péssimo –, ou mudar e fazer o que chamavam de dependência – além do ano letivo regular (segundo ano), teria aulas das duas matérias em que tinha sido reprovado, no período da tarde. Eu e os meus pais decidimos pela segunda opção, pois eu não "perderia o ano". Certamente, também ouvi horas de sermão sobre a importância de ser responsável, o valor das oportunidades, a necessidade de sacrifício pelas coisas importantes, a vida não ser feita apenas de desejos, as responsabilidades que precisamos cumprir etc.

Embora o final de ano tenha sido tumultuado, as férias finalmente chegaram e eu as vivenciei de modo diferente. Não se tratou apenas de não ter horários fixos e da liberdade para fazer o que queria, nem mesmo a falta de compromissos e não ser cobrado por todas as responsabilidades impostas pelos meus pais. Foi o momento de treinar ainda mais, de passar os dias entre a academia, os exercícios na praia, as refeições saudáveis e tudo o mais que faz parte do estilo de vida do jiu-jítsu.

Jacaré, à época, já usava todos os horários do espaço para as aulas, e passamos a ter treinos da manhã à noite, de segunda a sexta. Perguntei como tinha conseguido, e ele me explicou que comprara as partes do Alípio Amaral e do Zé Paulo. A partir daquele momento, contando com apenas dois donos, construímos a casa da Jacaré jiu-jítsu, outro estímulo para eu me dedicar ainda mais.

Fizemos reforma, trocamos os tatames, pintamos as paredes, pensamos no logotipo que usaríamos para representar a nossa equipe. Enquanto isso, eu treinava o dia inteiro, e participava como podia. Acompanhei de perto o esmero com que o Jacaré cuidava da academia e dos alunos, e me disponibilizei para ajudá-lo no que fosse preciso. Em virtude da quantidade de horários, ele precisou parar com as aulas na Coelho, no Leblon. Alguns dos seus alunos, então, passaram a treinar conosco em Ipanema, reforçando ainda mais a nossa equipe.

Nunca havia treinado tanto quanto naquele verão. Esse novo sentido para "férias" foi muito bom. Pude perceber isso na volta às aulas e, com a rotina da academia restabelecida e a presença dos demais lutadores, o meu jiu-jítsu já estava totalmente diferente. Avancei, e os alunos que treinavam duro comigo no início das férias não faziam mais frente. Experimentei uma sensação muito boa ao ver o meu esforço ser recompensado.

Jacaré sempre nos contava uma fábula de Esopo, autor da Grécia Antiga, sobre a formiga e cigarra – a primeira trabalhava durante o verão enquanto a outra só cantava. "Quem trabalha duro em tempos bons colhe os frutos em tempos difíceis", é a mensagem que tiramos da história. Eu senti isso na pele e cada vez mais aprendi o valor do esforço e do sacrifício pelo que queremos.

O primeiro campeonato do ano foi anunciado, a Copa Lightning Bolt, marca de surfe que aproveitou o entrosamento entre as duas modalidades e o crescimento do jiu-jítsu. Tínhamos um time pequeno em comparação às equipes tradicionais, basicamente composto de faixa azul. Após as eliminatórias, quatro dos nossos atletas seguiram na disputa: Andrezinho, Alexandre Paiva, Marcelo Ribeiro e eu.

Cheguei à final da categoria meio-pesado contra o atleta Jessé Rodrigues, o mesmo que havia lutado aquele embate eletrizante contra o Manimal no meu primeiro torneio, no ano anterior. Seria bem difícil e duro.

A luta começou e puxei para a guarda fechada, trabalhando as técnicas de costas no chão. Após algumas ações e trocas de pegada, consegui encaixar um triângulo justo. Meu adversário resistiu e eu segurei, fazendo a maior pressão que consegui. Em um determinado momento, levei as duas mãos à sua cabeça para gerar ainda mais pressão no estrangulamento. Ele ficou em pé, tirando-me completamente do chão e arremessando-me de volta com toda a sua força e o seu peso. Absorvi a pancada e apertei mais ainda.

Jessé pareceu ficar inconsciente, e eu achei que a luta havia terminado – seu rosto estava ficando roxo. Então, dei uma pequena aliviada, e ele rapidamente se levantou, trazendo-me junto e atirando-me novamente no tatame.

Isso abriu o cadeado[16] que eu havia feito com as pernas, e afastou o perigo do estrangulamento. Faltava muito pouco para acabar e, após quase quatro minutos apertando sem sucesso, os juízes me deram a vitória por unanimidade.

E esse foi o meu primeiro título no jiu-jítsu.

---

16. Posição em que as pernas ficam entrelaçadas para aplicar o triângulo com um pé posicionado atrás do outro joelho.

O André conseguiu o campeonato no peso galo, com o Marcelo em segundo lugar. O Alexandre, que havia perdido no peso leve, ganhou a categoria absoluto em grande performance. Nosso resultado colocou a Jacaré jiu-jítsu pela primeira vez no pódio em quarto lugar, atrás apenas das já consagradas academias da família Gracie. Todos estávamos muito felizes e orgulhosos.

O Rickson lutou contra um judoca chamado Marco André, lutador duríssimo que havia ganhado de outros da Gracie. No embate, o Rickson puxou para guarda, atacou triângulo e braço, que foram defendidos. Na sequência, raspou, passou a guarda, montou, pegou as costas e estrangulou – para delírio da torcida.

Uma cena do final me marcou bastante: após os três tapas que marcam a desistência do adversário, Rickson levantou com as mãos cheias de sangue e as limpou no tatame. Certamente alguma das tentativas de estrangulamento cortou a sua boca, mas foi um momento que evidenciou quem realmente mandava no jiu-jítsu na época.

Lutar os campeonatos sempre foi um grande aprendizado. Primeiro pela experiência vivida, pelo controle emocional, pelas dificuldades superadas entre tantas coisas, e por ser a única oportunidade de ver os grandes campeões efetivamente em ação. Assistir às lutas do Rickson, Royler, Cassio Cardoso, Delariva e outros era como ter acesso a um material de estudo por meses.

Então, na segunda-feira após o campeonato, todo mundo treinou e analisou os erros cometidos, aplicando técnicas que vimos os mais graduados fazerem. Como sempre, era hora de nos dedicarmos ainda mais.

A primeira vez que vi uma luta de Royler – acho que o seu primeiro campeonato de faixa preta, e o meu primeiro de azul –, ele aplicou um omoplata[17], que ficou conhecido como "chave da moda" por ser uma novidade Eu mesmo nunca o tinha visto. Após o campeonato, todos fomos para a academia estudar cada raspagem, cada passagem de guarda, e tudo o mais que tínhamos visto. Assim, evoluímos.

---

17. Golpe que aplica uma chave de ombro no adversário usando as nossas próprias pernas.

CAPÍTULO 6

Começando a dar aulas

Com o título, passei a ter um pouco mais de destaque na academia e comecei a ajudar o Jacaré em todas as aulas que podia – e não eram poucas. Ele demonstrava as técnicas em mim, pedia para eu liderar o aquecimento e ajudar os novatos a se adaptarem à turma. Fui pegando gosto por explicar e tentar descobrir como ser compreendido. Senti que os alunos gostavam da minha ajuda.

Um deles era dono de uma farmácia em Ipanema, que treinava conosco na parte da manhã. Ele queria muito que o filho frequentasse a academia, mas o rapaz morava na Tijuca e não tinha como ir até lá. Por isso, ele perguntou se eu poderia dar aulas particulares. Respondi que ainda estava na faixa azul, e ele insistiu, demonstrando sua confiança em mim: "Tenho certeza de que você vai ensinar muito bem".

Agradeci e fui falar com o Jacaré, que não viu problema. Passei a dar aulas para ele aos sábados em uma academia da Tijuca, às dezesseis horas. Para isso, saía de casa duas horas antes, pegava o ônibus – cheio em razão da volta da praia – e demorava mais uma hora no mínimo para chegar em casa. Eu adorava ensinar, e comecei a receber um bom valor por isso.

O novo colégio, entretanto, mudou bastante a minha rotina. Embora fizesse bastante publicidade para as suas turmas especiais dedicadas ao vestibular, não oferecia um dos melhores ensinos da cidade. Logo percebi que o sistema de uma escola grande era muito mais impessoal do que eu estava acostumado. Não conhecia quase ninguém, muito menos os professores sabiam quem eu era. Além disso, o meu pai não me levava mais, o que me obrigava a acordar mais cedo para ir de ônibus.

Um dos principais treinos da academia acontecia na parte da manhã, às onze horas, o que me instigava a sair mais cedo da escola. Assim, fui acumulando um número significativo de faltas. Quanto mais desconectado das aulas, menos eu queria frequentar. Passei a treinar de manhã e voltar para a academia às quatro horas, ficando até a noite.

No dia seguinte, estava sempre cansado. Decidi adotar uma estratégia que acabou acarretando sérios problemas para mim: eu acordava cedo e me despedia dos meus pais que estavam se arrumando para trabalhar. Então, pegava um colchonete debaixo da minha cama e descia para o salão de festas, onde continuava dormindo. Quando o carro do meu pai deixava a garagem, eu voltava em casa, pegava o quimono e ia treinar.

Certo dia, ele perguntou ao porteiro se eu havia saído há muito tempo, e o funcionário respondeu que não tinha me visto e que eu normalmente saía mais tarde. Não demorou muito para me acharem dormindo no salão de festas. A sensação de ser pego trapaceando e de decepcionar o meu pai foi horrível, mas argumentei que estava me dedicando ao esporte e que a escola estava me atrapalhando – obviamente não adiantou.

Ele me disse que a casa dele não era lugar para mentiroso; que, se eu era capaz de trapacear dentro de casa, faria o mesmo em qualquer lugar – inclusive no esporte. Falou que eu precisava ser responsável pelas minhas atitudes e compromissos. Explicou que eu deveria construir uma imagem de confiabilidade e honra. Foram ensinamentos que levei por toda a vida.

No dia seguinte, fomos ao colégio falar com a direção. Ao chegarmos, o diretor, que era também professor de química – matéria em que eu havia faltado à maioria das aulas –, me cumprimentou com um "muito prazer em conhecê-lo" e uma risadinha que estabeleceu o tom do que viria pela frente.

Quando o meu pai perguntou quanto à minha real situação na escola, ouvimos: "Matematicamente, ele está reprovado por faltas". Então, o professor sugeriu um trato. "É simples, meu jovem", disse. "Você vai ficar em todas as recuperações de verão. Se conseguir passar nas onze matérias, eu abono as suas faltas e o passo de ano".

Eu topei, porque era a chance de sair daquela situação vexatória e me redimir do erro. Estudei tudo o que não havia sequer visto durante aquele ano todo, e consegui ser aprovado.

CAPÍTULO 7

Sem quimono

Nossa academia seguiu crescendo. Eu, Alexandre e Marcelo Ribeiro recebemos a faixa roxa. Até os dezesseis anos, nunca tinha feito nada com a qualidade e determinação com que fazia jiu-jítsu – e não só treinando, como ajudando o Jacaré em tudo o que pudesse. Eu ia ao banco fazer depósitos, controlava as fichas de presença, ajudava nas aulas etc.

O nosso time passou a contar com reforços. Além do meu irmão Fernando, também tínhamos Traven, Mauricio, Peck, Telo e outros. Éramos um grupo respeitado. Lutávamos todos os torneios e competições que apareciam com afinco.

Lembro de um evento especial, a 3ª Copa Company de jiu-jítsu, o campeonato mais cobiçado da época. Nós levamos as inscrições à Gracie, onde seria feito o sorteio e a montagem das chaves e, ao chegar lá com o Jacaré, encontramos todos os professores reunidos – as academias Gracie e seus respectivos representantes, Carlson, Rickson e Carlinhos, além de outras agremiações menores como a nossa.

As conversas começaram para saber quem estaria na categoria de quem e como seria feito o sorteio. Assistir àqueles debates me ensinou muito sobre como montar o melhor time possível.

Em uma das discussões com o Rickson, o mestre Carlson falou para ele parar de discutir por besteira: "Se quiser, pode colocar todos os seus faixas azuis de cara com os meus. Na azul, só me preocupo com os alunos do Jacaré".

Nenhum elogio poderia ser mais importante do que aquele comentário do Carlson. O Jacaré ficou meio sem graça, mas certamente cheio de orgulho.

A Copa Company era um grande evento no ginásio do Clube do Fluminense, onde anos antes eu disputara os campeonatos cariocas de vôlei. Diferente daquela época, com o jiu-jítsu a minha vitória só dependia de mim. Lutei quatro vezes na categoria meio-pesado, venci e fui campeão.

Enfrentei o Jean Jacques Machado no absoluto, em um embate duro que perdi por decisão dividida dos juízes. No dia do sorteio, lembro do Rickson comentar que, para ganhar do Jean Jaques, somente um faixa preta, porque ele estava em um nível muito acima da média para a faixa roxa. Como eu também me considerava acima da média, não me intimidei. No final, fizemos uma bela e equilibrada luta.

Algumas semanas depois, a Company lançou uma camiseta do evento com o nome de todos os campeões – e eu estava lá. "Campeão da faixa roxa meio-pesado: Fabio Gurgel".

Essa fase foi curta, porém muito intensa. Fiquei apenas um ano e meio naquela graduação, mas entendi que poderia ser um bom professor de jiu-jítsu e comecei a me apaixonar pelo processo de ver o efeito do que eu ensinava nas outras pessoas. Eu não sabia explicar o porquê, e sequer pensava muito nisso, mas ensinar passou a ser para mim tão importante quanto lutar.

O Jacaré sempre proporcionou as oportunidades que pôde para que o ajudássemos e, aos poucos, os alunos passaram a confiar em mim e gostar das aulas. Eu era capaz de fazer aquilo o dia todo. Treinava com quem quisesse, estava sempre disponível e com o quimono limpo, atitudes que foram aumentando a confiança do Jacaré em mim.

Então, ele decidiu viajar para a Indonésia, e perguntou se eu poderia ministrar algumas aulas por quinze dias. Foi a primeira vez que tive a responsabilidade pela turma em minhas mãos. As semanas passaram e a única coisa que chegou foi um cartão postal dizendo que estava tudo ótimo, e que ele ficaria mais um pouco caso estivesse tudo bem para mim. Segui por cinquenta dias e, quando o Jacaré voltou, ele encontrou tudo exatamente como havia deixado, além de alunos felizes e eu ainda mais certo do que faria para viver.

Jiu-jítsu já era minha profissão, e eu não podia ter uma juventude mais vibrante.

À medida que os campeonatos se tornavam mais competitivos, meu treinamento também se intensificava. Os alunos da Gracie originalmente treinavam três vezes por semana. Com a ida do Carlos Júnior para a Barra, os do Carlson passaram a treinar todos os dias.

Como o Jacaré era também professor de educação física e triatleta – recém completara o *Ironman* no Havaí –, ele orientava na preparação, levando-nos para outro patamar. Ao invés de três treinos por semana, fazíamos mais de dez entre jiu-jítsu e condicionamento.

A alimentação saudável, parte importante da cultura da família Gracie, foi totalmente incorporada pelo Jacaré e consequentemente por nós. A dieta se embasa na compatibilidade química dos alimentos e, conta a história, foi desenvolvida pelo mestre Carlos Gracie. Priorizando uma vida longa e saudável, combina muitas frutas e requeijão.

Nós revezávamos – eu, meu irmão, Gigi e Jacaré – para ir ao CEASA semanalmente comprar tudo no atacado: caixas de maçã, mamão, laranja-lima, goiaba. A geladeira da minha casa precisava acomodar tudo isso e mais uma média de 48 copos de requeijão todos os meses, fora as necessidades da família – que obviamente não acomodavam a nossa dieta. Segui essa alimentação por anos, de forma radical em alguns momentos, e até hoje sigo muitos dos princípios aprendidos naquela época.

A consciência da importância do que ingerimos entrou na minha vida em uma fase na qual normalmente somos expostos a muitas porcarias alimentícias. Mesmo aparentemente inofensivas para os jovens, elas criam o mau hábito e comprometem a saúde para sempre.

O exemplo é, sem dúvida, um fator determinante para as nossas escolhas, e eu sempre me inspirei no Jacaré e em seu estilo de vida. A alimentação se tornou parte fundamental da minha rotina, e certamente uma das lições mais valiosas que aquele universo me ensinou.

Embora eu ainda fosse muito novo, o jiu-jítsu se tornou, para mim, uma fonte de autoestima. Perceber a admiração e o respeito que causava nos outros, sentir o poder de uma técnica que, de certa forma, me colocava acima das pessoas – não só em um combate, mas também em outras questões como saúde, disciplina, resolução de problemas etc. –, deixava-me satisfeito comigo mesmo.

Eu me dediquei a ser melhor e a seguir evoluindo, mas uma dúvida seguiu na minha cabeça: será que, em um combate real, teria mesmo essa vantagem que as pessoas imaginavam? Eu nunca havia testado – fora algumas brigas esporádicas na escola e com o meu irmão quando criança, tudo sem muitas consequências. Toda a minha experiência vinha dos treinos, não de uma situação de briga real.

Sempre escutei inúmeras histórias vindas de todos os lados, e comecei a entender que brigar nunca deve ser o objetivo, tampouco o incentivo. Entretanto, a nossa honra não pode ser ignorada. Onde traçamos a linha do que aceitamos ou não como mácula ao nosso nome é bastante individual, e me arrisco a dizer que até flexível – depende de várias questões.

Eu precisava estar preparado. Assim, comecei a me interessar pelas técnicas de vale-tudo, e os treinos sem quimono – nos quais eram aceitos tapas e chutes – viraram uma constante após a escola.

Normalmente, eu praticava com o Traven, o meu grande parceiro dessa época, e começamos a fazer aulas particulares com o mestre Reyson Gracie, carinhosamente chamado pelo Jacaré – e posteriormente por todos nós – de mestre Filhinho. Ele ia à academia no período da tarde e nos passava conceitos básicos, além de alguns truques. Aprendi lições importantíssimas, como a relevância do pisão[18] combinado com o *jab*[19].

O mestre explicou que, se você der um bom pisão na altura do joelho do seu adversário e ele recuar a perna para evitar o golpe, vai ser obrigado a projetar o rosto para frente, que é onde o seu *jab* vai encontrá-lo. Por outro lado, se não o fizer, acertar o pisão o deixará na distância perfeita para agarrá-lo.

Atualmente, o mestre Reyson é o patriarca da família Gracie.

---

18. Técnica de chute que visa manter distância do outro.
19. No Boxe, é um soco proferido com a mão da frente, de cunho preparatório.

CAPÍTULO 8

Jiu-jítsu em prática

Em uma tarde na praia de Ipanema, a linha que tracei para garantir a minha honra foi cruzada pela primeira vez. Eu estava jogando um campeonato de futebol de areia, em um jogo bem equilibrado. Telo e Traven, meus companheiros de academia, estavam no meu time. O calçadão estava lotado e havia torcidas incentivando os dois lados em cada lance. Eu jogava no meio de campo e, quando o craque do time adversário recebeu, fui o primeiro na marcação. Percebi a bola passando por cima da minha cabeça – o famoso "lençol", um drible lindo, que seria limpo se eu não usasse o jiu-jítsu. Percebendo que não teria como evitar a jogada, abracei o meu adversário pela cintura. Ele tentou se desvencilhar do meu controle e apliquei uma queda de quadril. Foi uma falta clara e recebi um cartão amarelo muito bem aplicado. Nós dois rimos, e ele se preparou para a cobrança. Então, um torcedor que estava em pé no calçadão começou a gritar: "Otário, vai dormir sem frio hoje, hein?!"

Não dei atenção, e ele repetiu aos gritos. Então, olhei para ele e perguntei se estava falando comigo. Ele concordou, repetindo a provocação.

A cobrança foi feita e o jogo seguiu, mas não consegui parar de pensar naquele desaforo. Toda vez que olhava para o calçadão, lá estava ele me encarando e debochando. Comentei com o Traven e com o Telo, ainda durante o jogo, que eu questionaria o torcedor ao final. Os dois concordaram que ele era muito folgado, além de conhecido na área como valentão. Seu nome era Mário.

Ganhamos o jogo e, após o apito final, fomos para trás do gol devolver os uniformes. O torcedor não estava mais no calçadão, mas do outro lado do campo tocando a bola a gol com alguns amigos. Chamei o Telo e o Traven para que não deixassem ninguém se meter ou separar. Então, me aproximei e perguntei: "Não era você quem estava querendo falar comigo?".

Ele começou a responder que sim, mas interrompi com um tapa no rosto de mão direita, seguido de uma cinturada[20] e queda. Derrubar na areia é ainda mais confortável do que no tatame, e caí montado desferindo o primeiro soco na lateral do rosto. O meu adversário imediatamente se virou de costas no intuito de proteger-se, mas essas reações instintivas são tão comuns e previsíveis que o meu movimento seguinte foi automático: encaixei um estrangulamento pelas costas e comecei a apertar até que o Telo me avisou, com toda a calma do mundo, que eu já podia soltar porque o opositor havia desmaiado. Em pouco mais de vinte segundos, a briga estava encerrada e eu experimentava a sensação de honra lavada. Fui embora imediatamente, afinal, já havia escutado de lutadores mais velhos que não se deve permanecer no local da briga, pois a chance de ocorrer uma covardia é muito grande. Mais tarde, soube que o rapaz estava bem, havia acordado sem problemas e, a partir de então, seu apelido passou a ser *Mario Soninho*.

***

Nossa academia, além de estar se tornando uma referência pelo trabalho conduzido pelo mestre, era sem dúvida a mais bem localizada do Rio de Janeiro, no coração de Ipanema, na famosa rua Visconde de Pirajá. Recebíamos inúmeras visitas, como os amigos

---

20. Técnica de *clinche* em que se abraça o adversário por baixo dos braços.

do Jacaré que costumavam aparecer para dar um "treininho" com os garotos do Jessé, apelido pelo qual o Jacaré é chamado pelos amigos mais íntimos. Quase todos os grandes nomes da academia Gracie da época visitaram nosso pequeno tatame.

Depois de algum tempo na faixa roxa, o treino começou a ficar complicado e pouquíssimos lutadores saíam de lá sem ser "apertados" pelo nosso grupo. Alexandre "Gigi" Paiva já tinha atingido um nível impressionante e era o terror dos visitantes famosos. Esses momentos foram, sem dúvida, fundamentais para a nossa evolução.

Pessoas que faziam outras artes marciais também costumavam aparecer. Lembro especificamente de três garotos que treinavam *Taekwondo*. Não sei qual era a intenção deles, mas o Jacaré os convenceu a testar o estilo deles contra o nosso. A regra era simples: eles poderiam chutar, socar e utilizar qualquer golpe que quisessem. A nós, caberia apenas bloquear e derrubá-los, dominando-os no chão. Ainda que não pareça muito justo, era assim que lidávamos com as outras lutas, tamanha a confiança na superioridade técnica que tínhamos, e esse episódio comprovou quão fácil era agarrar e derrubar alguém que não sabia jiu-jítsu.

Com a diminuição das visitas, eu e o Gigi conversamos e chegamos à conclusão de que seria muito bom se pudéssemos treinar no Rickson também. Afinal, ele era nosso ídolo e professor do nosso mestre. Teríamos uma infinidade de treinos, e com certeza estaríamos mais perto da fonte – pelo menos foi o que pensávamos na época. Assim, fomos muito bem recebidos pelo Rickson na Gracie, e explicamos nosso ponto. Muito gentilmente, ele falou: "Seria muito bom ter dois campeões com o talento de vocês aqui na academia. No entanto, para que isso aconteça, é natural que vocês deixem a academia do Jacaré".

Senti uma pontada de vergonha. Apesar de ser óbvio que seria a condição, não havíamos pensado nisso. Respondemos que essa não era uma possibilidade. Com um sorriso e um abraço, ele disse ao nos despedirmos: "Vocês fizeram a melhor escolha".

CAPÍTULO 9
Dedicação total

Concluí o terceiro ano do ensino médio com certa dificuldade. Chegara a hora do vestibular e não cursar o ensino superior estava fora de cogitação. Escolhi o que pareceu mais apropriado para a carreira que decidi seguir: educação física. À época, existiam apenas duas opções públicas no Rio de Janeiro, as Universidades Federal e Estadual, e uma privada, a Gama Filho, onde o Jacaré tinha estudado. Fiz as provas e passei para o segundo semestre desta última; portanto, eu teria mais seis meses de férias com tempo 100% livre para treinar. Nada era mais animador para mim, e até os meus pais pareciam satisfeitos.

Pude me dedicar ao máximo ao que era realmente importante para mim. Os treinos se intensificaram. De manhã, academia; depois, fazia alguma preparação na praia, dava tiros de corrida na rampa da praça do Arpoador ou na areia fofa, nadava ao redor da Pedra etc. Enfim, aproveitava a água, almoçava e voltava para a Jacaré, onde dava aula até as dez horas.

Comecei a pensar nas melhorias que poderíamos fazer para os alunos. Sempre ouvi que a Gracie tinha dois dias na semana fechados para aulas particulares. Logo, passei a incentivar o Jacaré a oferecer esse produto, embora ele nunca tenha gostado muito da ideia. Por outro lado, eu acreditava que haveria uma boa procura nos horários em que o espaço estivesse vazio.

O Malibu, nosso instrutor principal, começara a lecionar na Reyson Gracie, e me convidou para conhecer e conversar com o mestre. Foi uma ótima experiência, embora o modelo de negócio dessa academia se mostrasse bem diferente do nosso. Ela oferecia apenas aulas semiprivadas e particulares, e todo o programa ficava escrito na parede para os alunos acompanharem o progresso, o que facilitava bastante o trabalho do professor – um currículo para seguir.

Achei a ideia muito boa e levei para o Jacaré. Implementamos em nossa academia. Compramos cartolinas amarelas, e o Gigi – que tinha a melhor caligrafia – escreveu as 36 aulas dentro do que o mestre entendeu ser o mais adequado. Colamos na parede, despertando nos alunos a curiosidade sobre todas as técnicas. Explicamos, então, que se tratava do programa das aulas particulares, e o número de inscritos começou a aumentar.

Quem trabalhava muito bem com elas era um companheiro da Gracie, que passou a treinar conosco na parte da manhã, Sylvio Behring. Extremamente técnico e muito atencioso, ensinava-nos bastante. Criamos uma ótima relação, e ele permitiu que eu assistisse às suas aulas na parte da manhã na Corpo 4, próxima à nossa escola. Eu chegava lá às sete horas e ficava sentado no canto do tatame observando-o conduzir as aulas. Com um aluno após o outro, com um estilo bastante voltado para a defesa pessoal, era dinâmica e divertida, mostrando eficiência no ensino da arte para uma aula individual. Fiquei encantado e aprendi muito. Aos poucos, ele começou a me colocar como ajudante e esse foi, para mim, mais um período rico nessa jornada para ser um bom professor.

Nesse tempo, continuaram acontecendo campeonatos. O ritual era sempre o mesmo: recebíamos o edital pelo correio com as fichas para preencher os nomes, separados por peso e faixa, tentávamos convencer o maior número de alunos possível a lutar, e levávamos a lista dos confirmados para a reunião de organização, que acontecia na maioria das vezes na Gracie do Humaitá. Lá, confrontávamos a nossa listagem com as das outras equipes. Então, fazíamos o sorteio, o que geralmente acontecia na semana do campeonato, começando pela faixa azul até a preta.

O Jacaré não colocou o meu nome na minha categoria da época, faixa roxa meio-pesado, e anunciou que eu lutaria na marrom. Fiquei muito animado com o desafio, e estreei nessa graduação na Copa Rolls Gracie. Fui campeão no meu peso e no absoluto fazendo ótimas lutas.

Esse campeonato ocorreu no Clube Municipal, no bairro da Tijuca, onde eu nunca havia lutado até então. Nesse mesmo ginásio, meses antes, ocorreu um fato emblemático para a história do jiu-jítsu: um torneio exclusivo para faixas marrom e preta patrocinado pela Cantão, loja de roupas que rivalizava com a Company e que, pela primeira vez, apoiava a arte marcial. Como eu ainda estava na roxa, não lutei, mas o Jacaré foi convidado para ser árbitro do evento e eu e Gigi ficamos de auxiliares, o que nos colocou em uma posição muito boa para assistir às lutas.

Em uma das finais mais aguardadas do evento, entre Royler Gracie e Ricardo De La Riva, o Jacaré assumiu a bandeira lateral – como jurado, apenas decidiria a luta em caso de empate. Tudo correu como esperado, um embate duríssimo e muito equilibrado. Ao final dos dez minutos regulamentares, ainda não tínhamos um vencedor.

O juiz central solicitou aos bandeiras que levantassem a cor referente ao seu voto, e o Jacaré hesitou. Os outros dois jurados escolheram lutadores diferentes e a tensão estava no ar. Por alguns segundos, todos sentiram o peso que recaía sobre os ombros do Jacaré. Ele levantou a bandeira a favor de De La Riva, ou seja, da academia do Carlson, contra a Gracie da qual ele fazia parte.

Embora tenha agido de forma firme e justa dentro da sua avaliação das performances, aquilo desagradou a família e, logo na semana seguinte, o clima não estava bom para o Jacaré na academia e com o próprio Royler.

Para nós, o resultado desse afastamento foi a dedicação integral do Jacaré para com o nosso time, e os treinos matutinos tornaram-se os principais da equipe de competição com o nosso mestre nos liderando todos os dias. A evolução do grupo foi brutal.

Mais um campeonato aconteceu e, dessa vez, enfrentei um aluno do Carlson com quem nunca havia lutado. Como ninguém pontuou, ganhei na decisão dos juízes. No entanto, não fiz nada de que me orgulhe no embate. Eu não me arrisquei, lutei com mais medo de perder do que com vontade de ganhar, e só fui capaz de neutralizar as ações do meu adversário. Como me tornei campeão, fiquei satisfeito.

Na segunda-feira após o campeonato, como de costume, fui treinar e levar a minha medalha – todas ficavam penduradas na parede da recepção. Entrei no tatame e comecei a receber os parabéns por mais um título.

A despeito de estar feliz com a vitória, quando fui falar com o Jacaré, ele me perguntou se eu estava feliz com a performance da luta do dia anterior. Explicou que eu não deveria comemorar um embate em que não lutei efetivamente, em que não fiz nada e que, às vezes, era melhor perder lutando do que ganhar daquele jeito.

Acho que foi uma das maiores e melhores críticas que o mestre me fez. Ele tinha toda a razão. Eu estava consciente de que performara mal e, ainda assim, abracei a vaidade dos tapinhas nas costas ao invés de me concentrar em como fazer melhor.

Nem sempre conseguimos ser bons ou vencer, mas temos a obrigação de ser verdadeiros conosco.

Minha vida estava totalmente imersa naquele mundo, embora ainda jogasse futebol esporadicamente em alguns torneios organizados pelo Clube Federal. Lá, eu tinha muitos amigos de todas as idades, inclusive a turma do meu irmão – três anos mais velho. Todos sabiam que eu praticava jiu-jítsu e alguns pediram para que eu os ensinasse. Sugeri que procurassem a Jacaré em Ipanema. Entretanto, eles queriam treinar no clube, onde já frequentavam e tinham autonomia para entrar e sair.

Procuramos, então, o coordenador de esportes do clube, que gostou da ideia. Perguntei ao Jacaré se ele gostaria de assumir os treinos, mas ele disse para eu fazer sozinho, porque já tinha experiência o suficiente. Além disso, colocou-se à disposição para me ajudar no que eu precisasse.

Em poucas semanas, com dezoito anos de idade e graduado com a faixa marrom, passei a instruir seis alunos em uma sala do clube. Em pouco tempo, já tinha mais de cem e comecei a ganhar dinheiro. Eu dava aulas particulares de manhã e coletivas à tarde. À noite, corria para Ipanema para treinar na academia do Jacaré.

Estava tudo se encaixando entre o trabalho e o treino, e eu me sentia realizado. Sendo oficialmente professor, assumi uma grande responsabilidade e passei a me dedicar com afinco. Porém, com o começo da faculdade no segundo semestre, as aulas particulares da manhã não seriam mais possíveis – a Universidade Gama Filho estava localizada no bairro de Piedade, no subúrbio do Rio.

A vida como professor aos poucos foi me transformando. Eu queria dar a melhor aula, fazer os alunos aprenderem tudo sobre jiu-jítsu, repassar as histórias ouvidas desde garoto nos tatames, treinar com eles, influenciá-los na adoção de hábitos saudáveis e tudo o que despertasse o seu melhor.

Tentei alimentar a coragem através de treinos desafiadores e competições. Em pouco tempo, eu estava à frente de uma das melhores equipes de faixa azul da cidade.

Não consegui acompanhar as aulas particulares do Sylvio Behring, mas nossa relação muito próxima me levou ao seu irmão, Marcelo, a quem já havia assistido lutar algumas vezes e era o melhor aluno do Rickson. Ele se mudara para São Paulo, mas viajava para o Rio de Janeiro esporadicamente.

Durante um final de semana inteiro, a família Behring organizou um seminário de jiu-jítsu em São Paulo. Foram dois períodos no sábado, e dois no domingo, uma experiência muito rica. Além da oportunidade de aprender diversas técnicas, aproximei-me do Marcelo e iniciamos uma amizade que impactou a minha vida. Treinávamos, muitas vezes, por dias inteiros. Sua técnica era refinada, e sua criatividade e *timing*, muito diferenciados. Embora mostrasse a eficiência do jiu-jítsu esportivo, sua paixão sempre foram as técnicas de vale-tudo.

Depois de crescer bastante com o Reyson Gracie ainda na faixa roxa, experimentei um novo entendimento da luta com o Marcelo. Nossos treinos eram muito proveitosos e divertidos, especialmente porque ele era um artista que ensinava dentro e fora do tatame.

Éramos muito diferentes: ele vivia para o momento, enquanto eu plantava para o futuro; ele era impulsivo, eu, mais reflexivo; ele era destemido, eu, mais cauteloso; ele era extrovertido, eu, mais tímido; ele era mais talentoso, eu, mais disciplinado; ele era mais amoroso, eu, mais fechado. Eram essas diferenças que nos completavam e a nossa amizade foi se construindo de uma maneira muito sólida. O Marcelo foi fundamental na minha formação como lutador.

Mas eu estava muito longe dele tecnicamente. Certa vez, treinamos por uns trinta ou quarenta minutos no tatame do Clube Federal. Começamos com o quimono e, depois, aplicamos técnicas de vale-tudo, quando cada tapa bem dado no rosto valia um ponto. O placar foi de trinta a dez para ele.

Tive o privilégio de conviver com o Marcelo por mais de quatro anos, experimentar momentos incríveis e absorver a forma como um dos praticantes mais geniais de jiu-jítsu enxergava a arte. Além disso, fui amigo, aluno, confidente, convivi com a família, e até hoje vejo o quanto ele foi importante ao conectar pessoas de diferentes tribos.

Pensar no Marcelo sempre me traz a imagem da sua risada generosa e, claro, uma saudade imensa deste grande influenciador da minha história.

CAPÍTULO 10
Fora do tatame

No segundo semestre de 1989, comecei uma nova rotina ao iniciar o curso de educação física. Eu saía às seis para pegar o trem até Piedade e voltava no horário do almoço, seguindo para as aulas e treinos. Não que eu gostasse muito da ideia de trocar o jiu-jítsu pela faculdade, mas entendia a necessidade de seguir estudando. Traven estava na mesma turma, e isso certamente foi um incentivo.

Logo na primeira semana, começamos a ouvir que a turma de calouros passaria pelo "trote" dos veteranos. Eu me lembro de ter pensado: "acho que não vai rolar". Na hora, troquei um olhar com Traven e decidimos que, na nossa turma, aquela brincadeira não aconteceria – pelo menos não sem muita luta. Assim, oferecemos proteção à turma, dando-lhes a opção de participar ou não.

Como já éramos lutadores relativamente conhecidos, quando os veteranos chegaram em nossa sala com o tom ameaçador e prontos para começar as brincadeiras humilhantes e covardes, levantamo-nos e explicamos que não participaríamos, e, caso alguém quisesse, que levantasse a mão. Ninguém se manifestou e, por alguns segundos, eles não souberam como agir. Continuamos em pé olhando para o grupo que invadira nossa sala e, aos poucos, eles se entreolharam, balançaram as cabeças, e saíram resmungando que não sabíamos brincar. Nossa turma estava salva e passamos ilesos pelo trote.

A faculdade me trouxe a oportunidade de treinar Judô, disponibilizando um grande tatame – principalmente quando comparado ao que treinávamos em Ipanema – e aulas da modalidade. Entrei para a equipe e tive a oportunidade de competir em alguns torneios, aproveitando a experiência do jiu-jítsu – como eu lutava de branca a verde, vencia os torneios sem grandes dificuldades. Quando não treinava, fazia preparação física, natação e tudo o mais que me mantivesse ativo.

Terminei o ano de 1989 como o melhor faixa marrom eleito pela Liga Niteroiense de jiu-jítsu (LNJJ), a federação envolvida na maioria dos campeonatos na época. Perdi pouquíssimas lutas, sendo uma delas para um atleta do Carlson que viria a ser o maior adversário em minha carreira esportiva no jiu-jítsu, Amaury Bitetti.

Nas férias, tudo o que pensávamos era em como aumentar o tempo de treino. Sabíamos que cada intervalo ameaçava o nosso foco. Assim, quando viajava com a família, sempre levava o quimono e "caçava" uma academia para treinar. Quando acompanhado dos outros lutadores e amigos, o que era cada vez mais comum, treinávamos e fazíamos preparação física.

O jiu-jítsu não era apenas um esporte: ele se tornou naturalmente o nosso estilo de vida.

Estávamos sempre juntos e, nos programas fora da academia, explorávamos o Rio de Janeiro. Cada dia um lugar era eleito para as práticas. Não era raro que levássemos novos adeptos, pessoas que queriam fazer parte do grupo.

Embora todos fossem bem-vindos, normalmente sofriam e não retornavam. Ademais, eram "vítimas" do Jacaré, que sempre adorou nadar e dar a volta na Pedra do Arpoador, fonte de muitas histórias de sufoco. Para quem nunca tentou, parece fácil. Mas o mar é agitado naquele ponto e a prática sugere que o nadador se afaste. Como o Jacaré era o campeão do trajeto, ou o seguíamos e nadávamos longe da costa – o que não era confortável para mim – ou sofríamos perto da pedra e quase nos afogávamos. No final, tudo era uma competição: quem chegava primeiro, em quanto tempo, quem quase se afogou e seria o alvo dos comentários e brincadeiras. Felizmente, nunca aconteceu o pior.

A competição era incentivada a cada momento e alcançava o auge nos treinos do dia a dia.

Jacaré sempre teve uma característica como professor, e particularmente considero uma das suas melhores qualidades: emparelhar as duplas, ou seja, qual aluno vai treinar com quem. Isso ajudava a nos desenvolvermos e nos mantinha protegidos – é o que hoje conhecemos como *zona flow*. É desafiador, porém possível, e realmente uma ciência difícil de se executar com tanta maestria.

O Jacaré tinha uma outra característica não tão "programada", mas que nos ajudava bastante: ele era péssimo com o gerenciamento do tempo. Treinávamos em *rounds* pesados, enfrentando companheiros difíceis e, muitas vezes, a sensação era de que os minutos demoravam a passar. Ninguém queria ser o primeiro a perguntar, pois isso mostraria fraqueza e cansaço para o seu adversário. Mas, enfim, sempre tinha alguém que não aguentava mais e chamava a atenção dele para a contagem. O Jacaré, na maioria das vezes totalmente distraído aproveitando as disputas, olhava para o relógio e marcava o fim. Todos ríamos, e ele dizia que "acabou de dar o tempo" – mesmo que já tivesse expirado há muitos minutos.

Enfim, esses momentos de distração acabaram nos preparando para as lutas e para as imprevisibilidades da vida. Afinal, como reagimos quando os limites que traçamos não se alinham à realidade?

Os campeonatos sempre foram apenas um aspecto em nossa escola, enquanto o desenvolvimento de virtudes era a mola mestra.

Nosso grupo não parou de crescer e a academia, embora muito pequena – se comparada aos padrões de hoje –, já tinha muitos alunos, todos incentivados a competir.

Existia um adesivo pregado no nosso quadro de avisos àquela época: "Mais vale a lágrima pela derrota do que a vergonha por não ter lutado". Todas as vezes que um aluno tentava justificar a decisão de não competir, o Jacaré usava essa citação, que logo se tornou um mantra dentro da escola e fez com que nos tornássemos um time cada vez mais competitivo.

Mais do que uma equipe, éramos uma família, lutávamos uns pelos outros e sentíamos orgulho de representar o nosso mestre. Todos nós experimentamos o sentimento de pertencimento a algo maior e muito além da simples vontade de vencer individualmente.

O incentivo do Jacaré, além de tudo, me fez enxergar os desafios como algo muito natural de se enfrentar. Todas as vezes que nos deparamos com uma disputa, mesmo individual, acessamos um dos medos do ser humano, a humilhação pública.

Os pensamentos projetam as possibilidades, a mente imagina e sofre antecipadamente com o que pode ou não ser uma derrota, ao mesmo tempo em que fica eufórica ao vislumbrar a vitória, o objetivo concretizado. No entanto, tudo isso são apenas questões imaginárias, que nos trazem uma dose de ansiedade muito grande e pouco benéfica.

Sêneca, um dos principais filósofos estoicos, escreveu em *A brevidade da vida* que nós sofremos 95% do tempo em relação a coisas que jamais acontecerão, pois nos atormentamos antecipadamente com a nossa capacidade de imaginar o futuro. O remédio para isso é se concentrar no presente e no que é possível fazer naquele exato momento. Somos os únicos seres vivos com a capacidade de entender a linha do tempo, estudar o passado e pensar no amanhã. Sem dúvida, é muito tentador, e consequentemente difícil, controlar esse ímpeto. Está aí toda a fonte de ansiedade que vivemos e que tantos transtornos causam a milhões de pessoas.

Competir e lidar com as expectativas me ajudou demais. Quando me inscrevia em um campeonato, eu tinha a vontade de ser campeão, de mostrar a minha técnica em público, de representar o meu time, assim como também experimentava o medo de falhar, de perder, de decepcionar o meu mestre e os meus companheiros. Já vivi todos esses sentimentos em diferentes momentos da minha carreira. Já lutei muito bem e fui campeão, já lutei mal e fui campeão, já decepcionei os meus companheiros e mestre, já fui prejudicado pela arbitragem, já venci favorecido por ela e por aí vai.

O fato é que estar no campo de batalha nos faz perceber que, em todos os cenários, nos tornamos melhores. Exercitamos a virtude da coragem ao enfrentar o medo de falhar; aprendemos que, quando o resultado positivo não vem, ele manda um pacote de saberes necessários para o nosso desenvolvimento.

Ao nos expormos ao desafio de forma constante, aquele lugar inicialmente desconfortável se torna totalmente diferente, e até desejado, pois é lá que o seu desenvolvimento se encontra. Nada é mais motivador do que se tornar melhor do que antes. Ser criado em um ambiente onde as pessoas valorizam o risco, admiram a disputa e enaltecem o campeão certamente faz diferença.

**

O estopim de um dos momentos mais importantes na minha carreira aconteceu em uma sexta-feira, quando eu e o Traven marcamos de treinar na Barra da Tijuca, na academia do Carlos Gracie Jr., com o Jean Jacques Machado e com o Renzo Gracie.

Ao chegarmos, eles não estavam lá. O Crolin Gracie nos recebeu e contou que, no dia seguinte, o Rickson enfrentaria um antigo oponente da Luta Livre, Hugo, que o difamara. Pediu para que não comentássemos com ninguém, apenas com o Jacaré.

Ficamos animadíssimos, pois estaríamos em uma missão reservada a muito poucos – somente àqueles próximos à cúpula da família. Combinamos de ir juntos para a academia do Carlinhos, onde seria o encontro de todos, e eu mal dormi naquela noite.

Chegamos por volta das dez horas, e o Rickson, além de vários membros da família e alguns dos alunos mais próximos, já havia chegado. Explicou que estava de malas prontas para os EUA, mas não partiria deixando alguém falando sobre ele sem consequência.

Estávamos todos reunidos na academia esperando que o oponente e sua turma chegassem ao local. Ralph e Ryan Gracie ainda eram garotos, por isso iam e voltavam da praia com as informações.

Como o tempo estava feio – mormaço e sem sol –, começou a pairar a incerteza se, de fato, a luta aconteceria. Mestre Robson Gracie, então, perguntou: "Quem organizou isso aqui? Não é possível tanta falta de planejamento! Um evento dessa magnitude a céu aberto? Por que não falaram comigo antes?"

Todos riram, mas continuamos esperando. A academia estava cheia e alguém deu a ideia de aproveitarmos o tempo. Não demorou para o tatame sediar um dos melhores treinos que já presenciei.

Comecei praticando com o Carlos "Soneca" Machado e, ao terminar, o Rickson me chamou. Eu só o havia enfrentado uma vez, ainda na faixa roxa, mas, quando ajoelhamos um de frente para o outro e tocamos as mãos, um grito veio da porta anunciado a chegada do outro lutador na praia.

O Rickson afirmou que seguiria pelo calçadão na direção do Hugo, e que queria ao lado dele apenas o Rilion e o Renzo. Todos os outros deveriam chegar antes e posicionarem-se para que, tão logo começasse a briga, fechassem a roda e não deixassem ninguém separar.

O plano seguiu exatamente como desenhado. Monitoramos a chegada do Rickson até ele desferir um tapa no rosto do Hugo, e corremos para fechar a roda.

A briga começou e o Rickson se desequilibrou, caindo por baixo em um primeiro momento. Mas ele se recuperou rápido; ficando novamente em pé. Os dois trocaram alguns socos sem muita eficiência e foram ao chão novamente, dessa vez com o Gracie caindo por cima.

A tensão na roda com os amigos do Hugo querendo ver o que estava acontecendo cresceu, mas o nosso grupo impediu que penetrassem no círculo. Poucos momentos depois, o Rickson estava montado, acertando bons golpes no rosto do adversário, que se rendeu. O código de honra das lutas vale para esses momentos também e, em uma luta limpa, a desistência deve ser imediatamente respeitada.

Quando fomos para a água, outra briga teve início. Dessa vez, um embate rápido entre Renzo Gracie e Marcelo Mendes, que se desentenderam ainda na roda. Não deu nem tempo das pessoas os separarem.

Fomos todos embora, mas a rivalidade não acabou ali. Outros capítulos dessa história ainda foram escritos.

CAPÍTULO 11
A faixa preta

As artes marciais ensinadas a partir do início do século XX tiveram a sabedoria de criar uma simbologia para traduzir a jornada do aluno, e a grande maioria das pessoas que inicia a prática tem o objetivo – ou até mesmo o sonho – de se tornar faixa preta.

A faixa branca é o começo, o ponto de partida para absorver um novo conhecimento. O aprendiz avança por uma estrada com diferentes níveis até atingir a maestria e o domínio, não só da técnica, mas também dos códigos morais e controle emocional.

Comigo, o início não foi diferente. Por diversas vezes imaginei como me sentiria sendo um faixa preta. Eu admirava as pessoas que haviam chegado lá, observava como se comportavam, como treinavam e muitas vezes tentava copiá-las.

Conforme fui avançando, percebi que existem níveis dentro dessa graduação e, embora o sonho estivesse muito vivo dentro de mim, entendi que o objetivo não deveria ser a simples conquista da faixa, por mais simbólico que isso fosse. Eu precisava evoluir. Isso era o mais importante. A faixa preta seria uma consequência óbvia da minha caminhada, e eu não poderia controlar quando ou como a receberia.

Não existia um ritual à época – o Jacaré nunca havia graduado alguém a esse nível –, nem tempo mínimo ou máximo em cada faixa. A troca era, como ainda é, uma decisão exclusiva do professor, e não cabe a ninguém contestar – ou sequer perguntar sobre o assunto.

Deixei de me preocupar e segui o curso dos meus treinos e aulas. Uma tarde, enquanto me preparava para treinar, o interfone tocou: Reyson Gracie estava à minha espera no portão. Não entendi nada; o mestre Filhinho nunca tinha ido à minha casa. Peguei o quimono e desci. Surpreso de vê-lo, perguntei se havia acontecido alguma coisa, e ele me disse que só tinha ido se certificar de que eu ia treinar naquele dia.

Tudo era muito estranho, especialmente porque eu nunca faltava e porque ele não ia à Jacaré com tanta frequência. Caminhamos juntos para a academia, que estava lotada. Na hora, sequer imaginei que a presença em massa dos alunos fosse planejada ou tivesse relação com algum motivo especial. Mas, naquele 23 de outubro de 1989, o Jacaré insistiu na presença de todos porque graduaria o seu primeiro lutador faixa preta. Aos dezenove anos, com seis de jiu-jítsu, eu não poderia estar mais orgulhoso de ser esse aluno.

A cerimônia foi rápida. O mestre falou algumas palavras sobre a importância do momento, destacando a minha dedicação e preparo para os desafios que ainda surgiriam à minha frente. Tiramos várias fotos e fui imediatamente estrear a minha faixa da melhor maneira: treinando.

Meu sentimento era de muita alegria pela conquista, e maior ainda de excitação pelo mundo que se abria à minha frente. Eu teria a oportunidade de competir com os maiores nomes do esporte, as pessoas me veriam de outra forma, e eu poderia conquistar mais alunos. Não via a hora de viver tudo aquilo.

***

Há dois tipos de aprendizado em qualquer transição.

O primeiro é que você não se tornou drasticamente melhor do que era no dia anterior pelo fato de ter uma nova posição. Logo, precisa se manter humilde e com a mesma sede de conhecimento.

O segundo é que, se você era um dos melhores no seu estágio anterior, agora foi jogado para o final da fila. Depois de ser eleito o melhor marrom do ano, passei a ocupar o final do ranking de pretas. Uma longa escadaria deveria ser percorrida para alcançar o topo. A graduação foi, como as anteriores, um novo início, uma nova fase da minha carreira. Jamais o ponto final.

Para um iniciante, a faixa preta pode até ser o ponto de chegada, o ápice da sua jornada. Mas, conforme treinamos, vamos descobrindo que a vida é uma eterna caminhada, um constante aprendizado e uma permanente busca de aperfeiçoamento.

Costumo definir o jiu-jítsu como uma atividade na qual você jamais será bom o suficiente. Ter a convicção de que não sabemos tudo e de que precisamos continuar nos dedicando à evolução com a mente aberta é o que chamamos de "*mindset* de faixa branca".

A faixa preta é sem dúvida um *milestone*, um símbolo importante que celebra anos de dedicação e estudo, representa conhecimento e sacrifício, mas não é o final da linha.

Foram seis anos até a preta e, depois, trinta e um entre treinos e lutas, ensinamentos e experiências. "Quando aprendi mais?" A resposta é óbvia. Fui exposto a muito mais desafios depois de atingir a faixa preta, que me ensinaram muito mais do que nos anos iniciais. Aprendi, especialmente, a não apostar todas as minhas fichas e pensamentos em um só objetivo.

Nesse ponto, o leitor pode estar confuso, talvez até se perguntando se não deve "focar em um objetivo para conquistar o resultado".

Existem alguns livros que defendem que sim, e o mais conhecido talvez seja *Fora de série: Outliers*, de Malcolm Gladwell. Nele, o autor defende a teoria das dez mil horas dedicadas para se tornar excepcional em qualquer atividade. Ele não está totalmente errado. Acredito que precisamos, sim, nos dedicar até mais do que isso.

A questão é que não podemos esquecer que vivemos em um mundo mais plural, acredito eu, onde as nossas necessidades não serão supridas apenas porque somos bons em uma única coisa; precisamos de mais conhecimentos.

Em seu livro *Por que os generalistas vencem em um mundo de especialistas*, o autor David Epstein contesta a teoria de Gladwell e mostra a importância de termos conhecimentos variados para nos tornarmos melhores na atividade principal.

Ao longo da minha carreira intensamente dedicada ao jiu-jítsu, pude enxergar o benefício de ter praticado esportes coletivos, especialmente para a minha trajetória como professor.

A leitura me proporcionou um conhecimento capaz de criar melhores analogias para explicar as técnicas aos meus alunos, e assim por diante.

Focar em apenas uma coisa nos leva a caminhos perigosos. Podemos simplesmente não atingir o alvo. Quando temos apenas um desejo, costumamos mirar alto, traçar um objetivo que nos torne excepcionais, como atingir algo difícil e relevante, estar em um lugar de destaque que muitos desejam, entrar em uma faculdade concorrida até ser campeão mundial de jiu-jítsu. Quando o sonho não se realiza apesar de anos dedicados somente a esse propósito, sentimos decepção, desânimo e, muitas vezes, frustração. Essas angústias podem nos acompanhar por muitos anos e comprometer a nossa autoestima – e, por que não dizer, dificultar o nosso sucesso na vida?

Vamos analisar um exemplo. Certo nadador de elite competiu durante anos e se dedicou ao máximo por alguns ciclos olímpicos. Foram obviamente muitas horas por dia, muitos dias por semana, muitas semanas por ano, todos dedicados a um objetivo: a medalha de ouro olímpica. No entanto, esse atleta competiu com outro, Michael Phelps, o maior recordista de medalhas da história da natação até hoje. Toda vez que o nosso nadador fictício chegava à final, ele perdia, às vezes por centésimos de segundo.

Ele é um fracassado? A resposta é "depende". Se a medalha de ouro olímpica era o seu único objetivo, então sim, ele fracassou.

No entanto, se a sua energia era dedicada a evoluir a cada dia de seu treinamento para chegar à sua melhor versão, e criou esse hábito para tudo o que se propunha a fazer, a resposta sem dúvida é não. Esse nadador desenvolveu o máximo das suas capacidades, aprendeu a lidar com a derrota, superou o próprio limite, e seguiu se dedicando mesmo após os revezes. Certamente é uma pessoa muito mais capaz e preparada para qualquer desafio do que a maioria.

Resultado nem sempre é sinal de excelência.

Por outro lado, se alcançarmos o nosso "objetivo único", após anos dedicados aos treinamentos, se conquistamos a nossa "medalha olímpica", seremos consumidos por um momento de grande alegria e satisfação, uma sensação de dever cumprido. Provaremos para todos, e para nós mesmos, que somos capazes, que todo o esforço valeu a pena. Vencemos, celebraremos e seremos celebrados.

No entanto, essa euforia é efêmera – durará algumas semanas, e talvez até menos. Depois, aqueles que nos celebravam passarão a cuidar de seus próprios interesses, e a nossa vida voltará ao normal. O objetivo foi conquistado, e a motivação naturalmente diminuiu. Precisaremos de uma nova meta, uma vez que já conquistamos aquele objetivo.

Inúmeros campeões são vítimas desse mal, pois não entendem que certo resultado não pode ser a única meta, mas apenas um passo da jornada de construção de seu legado. Quando enxergamos dessa forma, o fim da euforia pela medalha conquistada não nos desanimará.

Independentemente de o resultado ser positivo ou negativo, trabalho sempre para a evolução. Cedo ou tarde, conquistarei coisas importantes. Caso elas não venham, continuarei trabalhando duro, pois é dessa forma que entendo que posso crescer.

Estou focado e dedicado, e o meu resultado é apenas consequência do trabalho; nunca o objetivo.

Sem dúvida, vitória não é sinônimo de excelência absoluta. Existem campeões fora de série e de ocasião. Não pretendo tirar o mérito de quem se dedicou e venceu, seja no que for, mas não me impressiono apenas com isso. Vários fatores podem estar envolvidos, inclusive a sorte.

O que define os verdadeiros campeões é a consistência, e isso só é possível quando focamos no legado. O comportamento de um verdadeiro vencedor não muda conforme o resultado.

Todas as vezes que venci um Mundial, eu tinha consciência de apenas ter sido capaz de esconder dos meus adversários as minhas fraquezas, e de impor um ritmo que direcionou a luta a meu favor. Não ganhei porque sou invencível ou perfeito, e essa consciência me fez continuar treinando. Acontece com todos que se mantêm no topo de qualquer atividade: a humildade de reconhecer que não somos perfeitos.

A competição que nos coloca invariavelmente contra os nossos adversários traz outra noção bastante nociva. Embora sejam molas propulsoras importantes para nosso desenvolvimento, os opositores não devem receber mais atenção do que o estritamente necessário, tampouco se tornar a nossa obsessão. Estudá-los para vencê-los é essencial para o nosso desenvolvimento, como ensina Sun Tzu em *A arte da guerra*: se conhecermos o inimigo e a nós mesmos, não correremos perigo nem mesmo em cem batalhas.

Existe um conceito japonês chamado *kaizen*[21] que significa ser 1% melhor a cada dia. O nosso "objetivo único" deve ser utilizar todas as ferramentas ao nosso alcance para sermos melhores. Os adversários mudarão ao longo do caminho, e cada um deles nos ajudará a crescer nas diversas fases e desafios que surgirem à nossa frente. E, novamente, o foco nunca estará neles, mas sempre em nossa própria evolução.

Recebi a faixa preta com humildade e respeito, consciente da responsabilidade redobrada que passei a ter como o primeiro formado pelo mestre Romero Jacaré. Passei a me dedicar ainda

---

21. Indico, para quem quiser aprofundar o tema, os livros "Kaizen: the key to Japan's competitive success" e "Gemba kaizen: a commonsense approach to a continuous improvemente strategy", ambos de Masaaki Imai.

mais para ser um bom exemplo para os meus jovens alunos, para subir no ranking e me destacar na elite do esporte.

***

Não perdi tempo. No dia seguinte, a faixa preta já era uma realidade conquistada, a recompensa esperada pelo meu esforço e estilo de vida; não um objetivo final. A minha jornada acabara de começar, e eu mal podia esperar pelo que o jiu-jítsu reservaria para mim.

Em todas as minhas transições anteriores, eu estava tão preparado e acima do nível médio que estreava vencendo os campeonatos. Agora, mesmo entusiasmado com o fato de fazer parte de uma categoria recheada de ídolos, eu sabia que só os melhores conseguiam vencer.

A primeira competição que apareceu foi um torneio em Petrópolis, cidade serrana do Rio de Janeiro, a Copa Blue Merlin. Como era um evento pequeno, a organização decidiu juntar as faixas marrom e preta em uma única categoria – isso tinha acontecido somente uma vez na Copa Cantão 4, na qual eu era faixa roxa e não pude lutar; quando o Jacaré levantou a bandeira contra o Royler, o que levou à sua saída da Gracie e dedicação total à nossa academia.

Embora, para mim, não existisse vantagem participar de um torneio com faixas marrons – muitos dos quais eram meus adversários antigos –, eu queria lutar e estava treinado. Dessa forma, inscrevi-me.

Muitos outros faixas pretas ficaram de fora, já que era um campeonato em outra cidade e não queriam enfrentar os faixas marrons.

Em que pese ter lutado a categoria e o absoluto, o meu adversário principal foi novamente Amaury Bitetti, para quem eu já havia perdido duas vezes – na roxa e na marrom.

Dessa vez, lutei como um faixa preta, para a frente, e ataquei a luta inteira. Tive duas boas oportunidades de finalização bem defendidas, e consegui ser campeão. Ele foi o maior adversário da minha carreira esportiva e, naquela ocasião, a nossa rivalidade estava apenas no começo.

Venci também o absoluto e a minha estreia na faixa preta foi um sucesso, embora eu soubesse que não havia enfrentado os reais campeões da época.

Os treinos seguiram ainda mais intensos, com muitas horas no tatame, praticando, ministrando aulas e preparando-me. Meus dias preenchiam-se de jiu-jítsu, embora dedicasse as manhãs à faculdade. Comecei a perceber que o ensino não atendia muito às minhas expectativas, porquanto era voltado para generalidades e educação física escolar.

Eu procurava informações sobre treinamentos de alta performance, mas segui frequentando as aulas acreditando que, nos semestres seguintes, aprenderia matérias ligadas ao meu interesse. Estava certo de que aqueles conhecimentos seriam fundamentais para me tornar um treinador completo e ter um diferencial perante outros professores – que, em sua maioria, não estudavam para essa finalidade.

Com o exemplo do Jacaré e o incentivo em casa – meu irmão estava terminando engenharia na PUC e a minha irmã cursava direito na Candido Mendes – insisti na faculdade por mais um tempo.

***

O ano de 1990 começou, e um novo campeonato foi anunciado no Rio de Janeiro, sediado no América Futebol Clube. O time completo do Carlson competiria, e convenci o Marcelo Behring, com quem ainda treinava frequentemente, a participar como médio, enquanto eu entraria como meio-pesado. Na minha categoria, estavam inscritos Murilo Bustamante e, novamente, Amaury Bitetti, recém-graduado a faixa preta; na do Marcelo, Bráulio Carsalade e Sergio "Bolão" Souza.

Venci o Murilo na semifinal em uma luta inesquecível, na qual abri dois pontos de frente no início e consegui suportar a pressão durante muitos minutos para pontuar. Foi a primeira derrota na faixa preta de um dos maiores nomes da Carlson Gracie.

O Marcelo venceu o Bráulio na semifinal, mas perdeu para o Bolão na final.

Quando subi no tatame com o Amaury, comecei perdendo com uma queda nos primeiros minutos. Eu estava muito preparado e tentei de tudo para reverter e, quando fazia guarda, ele tentava passar – repetindo a maioria de nossas lutas. Amaury era muito sólido nesse jogo e, por isso, um adversário tão difícil. Não tive sucesso por quase nove minutos e a luta correu para fora do tatame.

O árbitro determinou que reiniciássemos em pé, o que diminuía as minhas chances – ele era definitivamente melhor assim, já havia me dado uma queda e estava no seu ambiente de maior conforto. Percebi quando ele relaxou as pegadas em meu quimono e caminhou no tatame de forma muito segura, como se nada pudesse dar errado.

Eu sempre tive um Judô razoável e executava uma queda específica muito bem (*morote seoi* de joelhos)[22]. Assim, entrei com toda energia que me restava e, com uma projeção perfeita, fiz dois pontos e empatei. Faltando quinze segundos para o final, como não havia mais tempo para nada, levantamos para o veredito dos juízes. Eu tinha consciência que havia procurado mais a luta, mas nossa percepção das coisas, na maioria das vezes, é diferente daquela de quem está nos julgando. Empate, eu aprendi cedo, não é vitória. Logo, se o juiz decidir pelo outro, você não tem o direito de reclamar.

O árbitro estava entre nós segurando nossos pulsos, enquanto esperávamos o resultado. Novamente, cada juiz indicou a vitória de um lutador e, quando virei para o último, o Carlson Gracie Jr., percebi que as minhas chances haviam sido drasticamente reduzidas. Em uma situação de empate, dificilmente

---

22. Técnica de projeção do Judô.

um membro da mesma academia levantará a bandeira contra o seu companheiro.

O mundo é cheio de surpresas, e a minha vitória foi confirmada. O mestre Carlson Gracie não acreditou que o filho tinha decidido contra a própria escola, mas Juninho, como é conhecido, explicou com serenidade e segurança que eu tinha ganhado e que ele não mudaria o voto.

Em sequência, derrotei dois dos melhores lutadores da minha geração. Naquele dia memorável, confirmei que realmente tinha chegado à faixa preta.

CAPÍTULO 12

Mestre e sócio

Enquanto isso, a minha escola no Clube Federal crescia. Comecei a auferir um dinheiro razoável para um jovem de vinte anos. Passei a pagar a faculdade, um passo importante em minha independência, e comprei uma moto para me locomover mais rápido entre as academias, decisão bem menos inteligente.

Àquela ocasião, eu já tinha sido presentado pelo meu pai com um carro. "Está aqui o primeiro e o último carro que dou de presente. A partir de agora é por sua conta", disse ele à ocasião.

Quando fui pegar a moto no Alto da Gávea, o vendedor falou que estava se desfazendo dela pois tinha sofrido um acidente e caído dentro do canal do final do Leblon. Ele se machucara e os ferimentos infeccionaram devido à água poluída, mas o veículo estava intacto. Só tinha um problema: eu não sabia pilotar, nunca tinha feito autoescola ou coisa parecida. Foi uma aventura para chegar em Ipanema: quase bati algumas vezes, quase caí outras e o motor morreu umas cinco vezes. Felizmente, cheguei ileso e não demorou para eu estar à vontade, dominando o meu novo brinquedo.

***

O marco de cem alunos, na época, somente era alcançado por renomados mestres. Tracei essa meta, a qual atingi logo no primeiro ano como faixa preta.

Os meus alunos começaram a se destacar nas competições, e procurei formas de crescer ainda mais. O clube, praticamente a minha segunda casa, ficava no Alto Leblon, o que era bastante fora de mão para o público em geral. Eu já atendia a maioria dos sócios interessados em treinar, então, o movimento mais natural e lógico seria procurar um espaço fora do clube, passo largo, o qual eu sequer tinha certeza se era certo.

O Jacaré, na época, também tinha por volta do mesmo número de alunos, já que a pequena academia não comportava muito mais do que isso e, para agravar, alguns problemas com a administração do prédio começaram a ocorrer. Estávamos localizados em um prédio misto – salas comerciais na sobreloja e apartamentos nos demais andares –, onde a convivência não era muito fácil, pois funcionávamos até as 22 horas e provavelmente fazíamos barulho, além de circularmos suados pelas áreas comuns do prédio.

O Jacaré já estava pensando em mudar e essa foi a minha oportunidade. Propus a ele que juntássemos as nossas escolas em uma só, em Ipanema. Eu conhecia o risco de perder alguns alunos do clube, mas o fato é que poderíamos procurar um espaço maior, que abriria as portas com cerca de duzentos alunos.

Aos vinte e um anos de idade, no segundo como faixa preta, me tornei sócio do meu mestre. As coisas estavam acontecendo para mim, e tudo só alimentava a minha vontade de trabalhar ainda mais duro.

Achamos o lugar: um imóvel que estava fechado há muitos anos, no térreo do mesmo prédio em que já funcionava a academia do Jacaré. O subsolo comportava um estacionamento rotativo e o espaço ficava isolado, cujo único acesso era por uma escada. Para conseguir acessá-lo pelo térreo, onde funcionava a portaria social, cuja administração vinha se desentendendo com o Jacaré vinha há algum tempo, teríamos de entrar na justiça, mas o proprietário entrou na negociação e fechamos um acordo. Conseguimos um dos maiores tatames do Rio de Janeiro, no coração de Ipanema.

O local, onde havia funcionado um teatro, estava bem destruído e precisava de reformas – mas nós não tínhamos dinheiro. Faltavam vestiários, chuveiros etc. Vendi a moto, dobrei a quantidade de aulas particulares e, depois de alguns meses, inauguramos a academia Master jiu-jítsu.

Meus alunos não gostaram muito das notícias, pois a maioria deles morava ao lado do clube. Ao mesmo tempo, entenderam que era uma evolução importante e uma grande oportunidade para mim.

CAPÍTULO 13
Jiu-jítsu *versus* Luta Livre

A Copa Nastra – uma marca que trazia produtos de Bali, na Indonésia, e havia se tornado grande moda no Rio de Janeiro – era para ser um campeonato normal, mas acabou mudando a minha história e, por que não dizer, a do jiu-jítsu moderno como um todo.

Inicialmente, pensei em não participar, pois não vinha treinando direito em virtude das reformas da academia. Quando fui falar com o Jacaré, ouvi a seguinte frase do mestre: "Lutador luta. Você pode escolher entre lutar treinado ou destreinado. Isso só depende de você".

Entendi o recado e me inscrevi. É incrível como decisões que parecem não ter muita importância podem mudar as nossas vidas.

A imprensa local sempre dava cobertura aos grandes torneios de jiu-jítsu da cidade. Dessa vez, não foi diferente. Os atletas foram entrevistados, as rádios anunciaram hora e local e as equipes se prepararam para a disputa.

Em entrevista a um jornal do Rio de Janeiro, o atleta da academia do Carlson, na época faixa marrom, Wallid Ismail, aproveitou a oportunidade para lançar um desafio a toda e qualquer arte marcial, de forma que o jiu-jítsu pudesse mais uma vez provar sua supremacia. Embora soe despropositado, isso era relativamente comum para assegurar a noção, consolidada pela família Gracie ao longo dos anos por força do seu trabalho e vitórias, de que é a melhor forma de luta do Brasil. A maioria ficava sem resposta.

Nesse ponto, eu percebi que os meus ídolos não apareciam mais para lutar. Era como se houvesse um *gap* de gerações, que coincidiu com a minha chegada naquela graduação. Olhei para um lado para o outro, e não vi ninguém. Pensei, então, que deveria assumir esse lugar.

O campeonato começou e, mais uma vez, fui para a final do absoluto contra o Amaury. Estávamos aquecendo para a luta quando, de repente, uma multidão invadiu o ginásio, um barulho ensurdecedor de pessoas gritando e se empurrando. Demorei a entender o que estava acontecendo, pois estava do lado exatamente oposto à porta de entrada, mas sabia que era um movimento atípico.

O campeonato foi paralisado e, após alguns longos minutos, o grão-mestre Robson Gracie, presidente da federação à época, foi ao microfone elucidar: "Os lutadores da Luta Livre, de forma pacífica e educada, vieram até o nosso evento aceitar um desafio feito por um de nossos atletas a um jornal da cidade. Queria apenas dizer a todos os presentes que, mantendo a tradição de setenta anos de luta e representando todos aqueles que defenderam a nossa bandeira até aqui, mais uma vez aceitamos, com a certeza de que novamente provaremos a superioridade do jiu-jítsu".

O ginásio veio abaixo ecoando gritos de "jiu-jítsu".

Enquanto isso, Marcelo Behring e o mestre Carlson Gracie encaminhavam os líderes da Luta Livre para uma sala reservada, deixando a competição seguir o seu curso para evitar uma confusão que poderia sair do controle. Segui aquecendo para a final do absoluto, e a reunião finalizou com o combinado de que faríamos um evento de cinco embates entre os representantes da Luta Livre e os do jiu-jítsu.

O Marcelo, então, foi até a área de aquecimento e me contou o que havia acontecido, inclusive dizendo que colocou o meu nome na lista do Carlson para que eu competisse no meu primeiro vale-tudo. Concordei sem pestanejar, mas a minha adrenalina deve ter subido a níveis nunca sentidos.

Entrei para lutar com o Amaury, que logo tentou aplicar uma queda. Como fez um movimento lento, consegui defender. Capitalizei no seu erro para consolidar o domínio das costas, marcando quatro pontos, seguidos de mais quatro quando troquei para a montada, e mais quatro quando ele tentou escapar virando de costas. Foi a maior pontuação em uma luta entre nós, sempre muito equilibradas.

Venci, e a minha cabeça voltou-se para o próximo desafio, certamente um desdobramento do embate na praia entre Rickson e Hugo ocorrido algum tempo antes. Precisávamos encerrar aquele capítulo; estava em nossas mãos.

***

O mestre Carlson ficou responsável por escalar e treinar os lutadores que representariam o jiu-jítsu. Todos nos apresentamos na tradicional academia da rua Figueiredo de Magalhães em Copacabana.

Ficou definido que treinaríamos todos os dias na parte da manhã. Muitos outros lutadores apareceram e, após algumas semanas, o time foi definido: Marcelo Behring, Murilo Bustamante, Amaury Bitetti, Wallid Ismail e eu.

Do outro lado, enfrentaríamos Hugo Duarte, Denílson Maia, Eugênio Tadeu, Marcelo Mendes e Marco Ruas.

Duas baixas aconteceram logo no início: Amaury contraiu hepatite e Marco Ruas se desvinculou do grupo da Luta Livre. No fim, seriam quatro combates.

Uma das primeiras decisões que tomei foi sair da casa dos meus pais em Ipanema para que pudesse me concentrar totalmente no meu treinamento. Consegui o apart-hotel de um aluno e mudei-me para a Barra da Tijuca, dividindo o lugar com o Marcelo.

Eu acabara de me jogar em uma total incerteza. Enquanto estava orgulhoso de ser um dos representantes do jiu-jítsu para um evento daquela magnitude, não sabia o que viria pela frente.

Fazia o trajeto Barra da Tijuca-Copacabana diariamente, e nunca me atrasei para um treino. À tarde, investia na preparação física e Boxe. Para isso, trouxemos de São Paulo o campeão Hélio Santana, um dos melhores boxeadores do Brasil – que perdera o movimento de um dos braços em um acidente e encerrara a carreira. Ele tinha muito conhecimento e a mente de um campeão. No Rio, morou comigo e com o Marcelo, ajudando-nos com a técnica de Boxe.

Foi uma mudança significativa entrar no tatame para treinar com os meus tradicionais adversários. Apesar de um pouco estranha, a sensação foi rapidamente desfeita e o grupo que se formou sob o comando do mestre Carlson Gracie tinha basicamente os seus alunos, eu e o Marcelo. Ele nos recebeu muito bem, fazendo-nos sentir imediatamente em casa.

No início, alguns visitantes empolgados iam treinar conosco. O Carlson permitia, mas usava todos como *sparrings* de luxo para o grupo que iria competir. Conforme o tempo foi passando, o número de visitantes foi diminuindo e somente a primeira linha da academia continuou a nos ajudar.

Um dos primeiros treinos liderados pelo Carlson, quando ainda tínhamos muitas visitas, foi nos colocar fazendo guarda perante uma fila de cerca de vinte lutadores, que se revezavam a cada dois minutos para entrar em nossa guarda e tentar nos bater. Nosso objetivo era apenas não apanhar, pois não podíamos revidar a agressão, nem inverter e ficar por cima. O Carlson nos disse, desde o primeiro dia, que a sua preocupação era nos fazer resistir por baixo pelo tempo que precisasse, já que, se caíssemos por cima, a luta estaria ganha.

Conforme nossos treinos evoluíam, pude sentir a confiança também subindo.

Os organizadores adiaram o evento, e um encontro foi marcado na casa do Miguel Pires Gonçalves, diretor financeiro da Rede Globo, para definir alguns pontos das regras já que ele estava envolvido e era um velho amigo do jiu-jítsu. Compareceram todos os lutadores, seus treinadores, o mestre Robson Gracie e o promotor da luta, Carlinhos Docelar.

O clima foi tenso e, embora as pessoas agissem profissionalmente, a verdade é que ainda não havíamos nos acostumado com aquilo. A maioria não tinha nenhuma experiência com lutas profissionais.

Nossa confiança no Carlson e no Robson para defender nossos interesses era total. Todos os pontos deveriam ser ajustados de forma que conseguíssemos colocar a luta para ser transmitida pela Rede Globo.

O mestre Robson sugeriu proibir os socos de mão fechada quando o embate estivesse no chão, causando uma imediata discussão. A equipe da Luta Livre não concordou com a proposta, que de fato parecia sem sentido. Ficamos quietos, pois nossos mestres é que decidiriam.

O Robson, então, falou para o Denílson, que seria meu adversário: "Rapaz, eu estou protegendo vocês. Isso não muda nada na luta a não ser que você consiga uma posição de domínio, como uma montada. Agora, pergunto: em uma luta sua com o Gurgel, quem você acha que vai montar em quem? Vai ficar melhor para a TV e vocês vão me agradecer".

Ainda assim, eles não aceitaram e ficou acordado que seria realmente um vale-tudo, em dois *rounds* de quinze minutos, no dia 31 de agosto no Grajaú Tênis Clube.

***

O Rio de Janeiro respirava essa rivalidade. Brigas aconteciam entre lutadores dos dois lados e, quando ficávamos sabendo dos acontecimentos, tentávamos puxar para o lado profissional e esportivo. Algumas matérias começaram a sair na imprensa sobre o futuro confronto, e parecia que a temperatura da panela de pressão ia subindo.

Lembro certa vez quando o meu pai me perguntou se eu conhecia bem o meu adversário. Achei a pergunta estranha, mas ele explicou que um conhecido do grupo do clube havia afirmado que era um lutador muito perigoso, que aplicava chaves de coluna e que me deixaria paralítico. Dei uma gargalhada imediata para tranquilizá-lo, e expliquei que isso jamais aconteceria, porque eu estava trabalhando duro e muito preparado, e que acreditava que seria uma luta tranquila. Ele sorriu e disse que confiava em mim, e que estaria na torcida como sempre.

Esse foi apenas um dos tantos comentários para me desestabilizar, fazer-me desistir. Existem pessoas covardes no mundo, como aqueles que apelam para a preocupação de um pai. Na verdade, ele conseguiu o efeito contrário, e deu-me ainda mais combustível para treinar e provar a minha competência para quem duvidava.

Na comunidade do jiu-jítsu, também escutei alguns comentários sobre eu não ser a melhor opção para representar a arte marcial, já que não tinha experiência com brigas de rua. Isso mostra o profundo desconhecimento sobre a diferença entre uma briga e uma luta.

Eu estava oficialmente escalado para enfrentar o Denilson Maia, e seria a minha chance de provar a minha capacidade.

Algumas semanas antes da luta, o Marcelo foi afastado devido a uma inflamação no cotovelo, que já vinha comprometendo os seus treinos. Não haveria tempo hábil para a recuperação, então ele apenas seguiu envolvido e ajudando muito.

Com três lutas ao invés de quatro confirmadas, Hugo Duarte – o lutador que enfrentou Rickson nas areias da praia – ficou sem adversário.

Os treinos foram desacelerando para que todos pudessem se recuperar das pequenas lesões, e alguns ainda de uma furunculose que abateu toda a academia – eu mesmo tive sete furúnculos durante o treinamento, assim como o Murilo e o Wallid.

Estávamos muito bem treinados e até mesmo o Carlson disse que eu havia evoluído, não sendo páreo para qualquer oponente da minha categoria. Ele completou falando que achava que eu não receberia nem um tapa sequer. Ninguém conhecia a luta como ele e, mais uma vez, provou estar certo.

Aquele dia ficou marcado para sempre na história das artes marciais e tenho orgulho de ter feito parte do time do jiu-jítsu. Fizemos tudo certo e, mesmo com receio – afinal, nunca havia participado de uma luta de vale-tudo –, eu estava pronto.

Quer chamemos de adrenalina, tensão ou qualquer outro nome, a verdade é que essa emoção é impossível de não sentir. A nós, cabe apenas decidir entre enfrentar e fugir; essa é a única decisão que realmente importa.

Trata-se do medo, uma sensação muito familiar para mim. Eu convivia com ele sempre que competia, e fui muito bem-preparado, em todas as disputas as quais participei, para controlá-lo.

Desde garoto, sempre quis que o meu nome fosse escrito na história do jiu-jítsu e sabia que, para isso, teria de vencer diversos obstáculos. Esse embate era o maior até aquele momento e, embora a dose de medo parecesse maior, a recompensa também seria de outra dimensão.

Chegamos ao ginásio em um ônibus com a nossa equipe e entramos pela porta lateral sem muito problema. Os arredores estavam lotados de carros e gente por todos os lados. A caminho do vestiário, o mestre Robson teve a ideia – não muito boa – de voltar e entrar pela frente, pois éramos as estrelas do evento e o público ia adorar nos ver chegando.

Foi um caos. Centenas de pessoas queriam passar por uma porta, chacoalhando o portão para entrar sem pagar o ingresso, enquanto nós tentávamos entrar através de um cordão de isolamento. Depois de muitos minutos de impasse, passamos ao som do delírio de uma torcida apaixonada, na grande maioria fãs do jiu-jítsu. Entramos no vestiário – que não era nada bom – e fizemos nosso aquecimento no terraço.

Conversamos sobre a importância daquele momento para o jiu-jítsu, o orgulho que deveríamos sentir por termos sido escolhidos como representantes nessa importante missão; sobre a tradição e o legado construídos a suor e sangue por mais de setenta anos.

Fomos lembrados de que os nossos heróis sempre colocaram o jiu-jítsu acima deles mesmos e agora era o nosso momento de entrar para esse *hall* dos grandes nomes da arte. Nós a defenderíamos, e o mestre João Alberto Barreto estava certo de que o faríamos com honra e acima de nossos interesses próprios. A partir daquele momento, nossos corpos não mais nos pertenciam, e qualquer possível acidente que nos fizesse quebrar um braço, perder um dente ou abrir um corte se tornaria medalha no museu do jiu-jítsu. Reforçou que o nosso *corner* não levaria a toalha para nos encerrar o combate, desejou-nos boa sorte e disse: "Nos vemos no ringue!"

Entrei no ringue após duas vitórias do jiu-jítsu. Wallid e Murilo já haviam feito o trabalho deles de forma impecável e eu seria o último.

Caminhei em volta do tablado usando o meu quimono para sentir o terreno. O público estava eufórico, mas eu só olhava para o meu *corner* e para o meu adversário. Todo o resto perdeu a nitidez.

O juiz nos chamou para as últimas instruções, aproximei-me um pouco, embora não quisesse mais ouvir nada – conhecia as regras e era hora de colocar em prática. Fomos orientados a voltar para os *corners*, porque o combate teria início. Soou o gongo, e a luta começou.

Eu estava confortável com o meu Boxe, mas sabia que esse lugar era o único risco possível para mim. Afinal, uma mão que entrasse poderia mudar todo o plano. Como disse certa vez Mike Tyson: "Todos têm um plano incrível até tomar o primeiro soco na cara".

O meu era distrair o adversário para chegar ao *clinche*[23]. E foi o que fiz. Lancei um *jab* e um direto[24]. Ele me surpreendeu

---

23. *Clinche* ocorre quando os lutadores entram em uma luta corpo-a-corpo, ainda de pé. É muito comum no Boxe para evitar a distância ideal dos socos do oponente.
24. Soco mais potente do lutador, que vem da mão de trás em uma linha reta.

e, ao invés de trocar socos, entrou em uma baiana[25] perfeita me derrubando ao solo. Caí fazendo guarda, imediatamente supondo que tinha saído da zona de perigo e entrado onde mais havia treinado.

Ele tentou me acertar alguns golpes, exatamente como o Carlson havia nos alertado e treinado, e fiz o bloqueio com facilidade. Até então, não havia levado um tapa sequer. Abri a guarda e o meu adversário se afastou.

Ainda do chão, chutei a parte interna da perna dele, que inclinou levemente o corpo para a frente. O próximo chute foi no alto, na direção do rosto, e pegou em cheio no pescoço. A torcida levantou e vi a frustração no rosto dele, a certeza de que, na minha guarda, ele não tinha a menor chance.

Aproveitei o momento e me levantei em segurança. Com a luta em pé novamente, lancei os golpes e voltamos ao *clinche*, mantendo uma distância segura. Eu precisava trabalhar para derrubá-lo, o que consegui após algumas trocas de esgrima[26]. Caí por cima e, na minha cabeça, não tinha como ele escapar da minha técnica.

Senti os pulmões gigantes e sem o menor sinal de cansaço. Ele me colocou na guarda e tentou me segurar, mas comecei a socar suas costelas com toda a força. Do *corner*, Hélio insistia para eu não me desgastar à toa, mas eu estava consciente, criei o espaço e me levantei.

Quando acertei o primeiro bom direto no nariz do meu adversário, ainda dentro da guarda, ele abriu e tentou me atacar uma chave de pé[27]. Defendi e voltei a ficar por cima, agora na guarda aberta. A luta estava em um momento bom e eu acelerei para passar a guarda. Após um movimento, cheguei a meia guarda e pude evoluir para a montada, posição suprema em uma luta real. Lembrei de duas coisas antes de começar a

---
25. Movimento de queda no qual se segura as pernas do adversário para levá-lo ao chão.
26. Trocas de esgrima acontecem quando os dois adversários buscam um melhor posicionamento e domínio no *clinche*.
27. Golpe que força a articulação do tornozelo.

socar de cima para baixo para terminar a luta: da fala do mestre Robson quando tentou colocar nas regras a proibição aos socos no chão, e a preocupação do meu pai de que o meu adversário pudesse me aplicar uma chave cervical. Isso possivelmente nunca foi dito pelo meu adversário, mas foi o combustível para que eu desferisse 43 socos da montada e terminasse de forma incontestável essa vitória histórica do jiu-jítsu sobre a Luta Livre.

O ringue foi invadido pela torcida, que nos levantou nos braços com os gritos de "jiu-jítsu!"

Momentos antes de eu entrar no tatame, o Hugo Duarte havia subido ao ringue para receber a vitória por W.O.[28] contra o Marcelo Behring, em uma cena totalmente desnecessária ante o conhecimento geral da lesão do meu companheiro de time. Assistimos a esse momento pelo monitor do vestiário e lembro do Carlson me dizer para ficar no ringue se vencesse a luta rápido, porque ele desafiaria o Hugo.

Nunca achei que fosse realmente acontecer, e entendi como um incentivo para me mostrar o tanto que ele confiava em mim. Depois, quando todos invadiram o ringue, ele brincou com isso.

Enfim, eu nunca soube se isso passou pela cabeça do mestre como um plano ou foi realmente apenas um incentivo.

O Rio de Janeiro era jiu-jítsu. Nossa luta foi transmitida pela Rede Globo em horário nobre, deixamos de ser conhecidos apenas por um nicho para sermos reconhecidos aonde quer que fôssemos. Enfim, nossa arte marcial explodiu no Brasil inteiro.

Com vinte e um anos, venci o evento de maior repercussão na história moderna do jiu-jítsu, era sócio do meu mestre em uma academia com mais de duzentos alunos em Ipanema, e tinha independência financeira. Nada me faria abrir mão dessas conquistas. Eu só olhava para frente.

A Master jiu-jítsu passou a ser minha total prioridade. Passava o dia todo dando aulas e treinando. A faculdade já não

---

28. W.O ou *walkover* significa atribuir a vitória a uma equipe ou competidor quando seu adversário se ausenta da disputa. (N.R.)

tinha espaço na minha vida. Meus intervalos eram dedicados aos exercícios na praia. Aos poucos, assumi o controle de pagamentos da academia e comecei a me dedicar mais à gestão, que se tornaria igualmente uma paixão e uma necessidade.

Com vinte e dois anos, comprei um carro com o meu próprio dinheiro pela primeira vez.

Mesmo sendo um dos principais faixas pretas do cenário do jiu-jítsu, eu sabia que aquilo não era o suficiente; mais do que isso, era temporário. Eu precisava sempre olhar para a frente e procurar novas oportunidades.

Com o sucesso de nosso empreendimento, recebemos uma proposta para levá-lo para Vitória, no Espírito Santo, em uma academia chamada Ponto 1, já estabelecida na cidade. Eu e Jacaré concordamos que seria uma ótima oportunidade, e combinamos de revezar a cada quinze dias entre nós e um dos nossos principais professores na época, o Telo.

A viagem de carro seguia por uma estrada não muito segura e, além de algumas aventuras, sofri um acidente não muito grave. O importante é que estabelecemos o jiu-jítsu na cidade e montamos um grupo incrível de atletas que foi fundamental para o crescimento de nossa equipe.

CAPÍTULO 14
A Alliance

Segui lutando os campeonatos e tendo bastante sucesso. A nossa academia cresceu. Alexandre Paiva e Traven, respectivamente o segundo e o terceiro faixas pretas formados pelo mestre, abriram uma academia juntos – a Strike. Nós quatro passamos a enfrentar um problema que eu já tinha vivido por um pequeno período enquanto dava aulas no Clube Federal: os nossos alunos estavam enfrentando uns aos outros nos campeonatos. Quanto mais atletas tínhamos, mais isso acontecia.

Aquilo não fazia sentido para nós, que fomos criados como irmãos e não queríamos ficar em lados opostos no tatame. Tivemos uma ideia: por que não juntar todas as nossas escolas embaixo de uma só bandeira para que todos os alunos formados na escola do Jacaré formassem um único time?

Se fôssemos capazes de nos organizar e convencer todos os professores, teríamos a melhor equipe do mundo.

Alguns alunos, embora não formados pelo Jacaré, estavam treinando conosco na época e foram também envolvidos no projeto. O modelo seria parecido com o que a Gracie costumava fazer, realizando seletivas entre os lutadores para decidir quais atletas representariam a equipe, uma vez que são aceitos apenas dois por divisão de faixa e peso – regra que permanece até os dias de hoje.

Todos gostaram da ideia e decidimos competir como um time único. Começamos a pensar em qual seria o nome.

Normalmente, é o do mais graduado, mas já havíamos conversado sobre isso antes e achamos um tanto ególatra e pouco comercial. Desde que me tornei sócio do Jacaré, decidimos pela neutralidade ao escolhermos chamar a nossa equipe de Master.

O pensamento deveria ser o mesmo agora: um nome do qual todos se sentissem parte, que representasse a nossa união e amizade. Também deveria ser internacional, porquanto sabíamos que o jiu-jítsu ganharia o mundo cedo ou tarde.

Entre várias sugestões, o nome Alliance foi aprovado sem nenhuma resistência.

Chegara a hora de resolver o logo. Naquela época, a maioria das academias de jiu-jítsu tinha o seu distintivo. O Carlson tinha duas versões: um buldogue e um galo. O Jacaré, um jacaré. Eu, o Muttley, personagem de desenho animado, vestido de quimono. A Barra Gracie, um demônio da Tasmânia; e assim por diante.

Quando criamos a Master, eu e o Jacaré juntamos os nossos logotipos, colocando os dois mascotes treinando juntos.

Agora, precisávamos de um logo que representasse todos e, ao mesmo tempo, fosse único, forte e aplicável, que seria a nossa marca. Em uma reunião da equipe sobre assuntos variados, o Rodrigo Didier, amigo de escola e aluno do Alexandre, apareceu com um desenho para apresentar. Da pasta, ele tirou uma cartolina coberta com um papel vegetal e desnudou a imagem hoje conhecida mundialmente: uma águia estilizada dentro de um triângulo preto, no qual lemos "Alliance Jiu Jitsu" na base. O triângulo representa a solidez, o equilíbrio e aponta para cima, o caminho do sucesso. A águia representa os voos altos, acima de todos, um animal que não tem predador.

Ficamos todos muito satisfeitos, embora ainda sentíssemos que devíamos ser representados individualmente. Tomamos a decisão – que veio a se mostrar equivocada posteriormente –, de colocar o nome do professor do lado esquerdo do triângulo. No final, isso poluiu a marca e nos trouxe alguns problemas.

Enfim, tínhamos uma equipe muito forte, e uma nova bandeira para todos representarem.

No mesmo ano da fundação da Alliance como equipe de competição, o jiu-jítsu teve dois grandes marcos: a constituição da Confederação Brasileira de jiu-jítsu (CBJJ) e a criação do Ultimate Fighting Championship (UFC) pelo filho mais velho do grão-mestre Hélio, Rorion Gracie.

Até aquele momento, apenas a federação carioca realizava os eventos. Com a explosão do jiu-jítsu no Brasil após o vale-tudo contra a Luta Livre, era mais do que necessário criar um órgão nacional para organizar o esporte. Carlos Gracie Júnior tomou a frente e, depois de algumas disputas familiares e discussões, a CBJJ foi fundada.

Para a criação do UFC, Rorion Gracie usou basicamente a mesma estratégia utilizada antes para provar a eficiência do jiu-jítsu no Brasil nas primeiras décadas do século XX: desafiar outras artes marciais para um combate sem regras.

De forma mais midiática, as lutas seriam realizadas em uma jaula – ideia inspirada no Coliseu romano –, onde dois lutadores entrariam e apenas um sairia. Ultrapassando os limites dos Estados Unidos, o UFC explodiu e o mundo pôde conhecer o jiu-jítsu brasileiro por meio das performances irretocáveis de Royce Gracie, que vencia adversários de todos os tamanhos sem necessidade de usar qualquer golpe traumático. O mundo despertou para a arte marcial brasileira, que se tornou produto de exportação.

Com o fim das fronteiras e a grande migração de professores brasileiros para os EUA, entendi que uma janela de oportunidades acabara de abrir. Além disso, a CBJJ começou a realizar campeonatos oficiais a partir de 1994. Fui campeão brasileiro.

Enquanto esporte, o jiu-jítsu atingia outro patamar. Todavia, passou a enfrentar um problema que se agravou ao longo dos anos: o aumento desgovernado do número de academias com instrutores mal preparados e totalmente voltados para a competição. A demanda era tão grande que, não raramente, víamos faixa roxa ministrando aulas e, claro, cobrando muito menos por isso.

O mercado se puxou para baixo, e os professores – em geral sem formação sobre como ministrar aulas e gerir um negócio – não perceberam que o movimento que eles estavam criando seria bastante prejudicial a todos. Importavam-se apenas com a formação de campeões e o reconhecimento das escolas. Todo o mundo do jiu-jítsu se dedicava a isso.

Com essa explosão de academias voltadas para a performance de seus lutadores, a maioria dos possíveis atletas começou a se afastar do jiu-jítsu, que lentamente se transformou em uma atividade voltada para os mais duros praticantes: ou você era um deles e competia, ou não fazia parte da tribo e era expelido.

Proliferaram tatames pelo Brasil, especialmente no Rio de Janeiro, com pouquíssimos alunos e sem sucesso comercial algum, totalmente fora do que imaginei construir no jiu-jítsu.

A Alliance era uma potência no cenário esportivo, mas parte de um cenário que precisava mudar.

Sempre olhei para as gerações anteriores à minha, seja para aprender o que fazer, seja para não cometer os mesmos erros.

Muitos grandes nomes do jiu-jítsu haviam migrado para os EUA, e eu escutava histórias de como eles desbravavam o lugar. Fiquei animado com a possibilidade de me juntar a eles.

No entanto, o jiu-jítsu competitivo crescia no Brasil e era importante "surfar essa onda". Cada vez mais, a comunidade valorizava o campeão do momento, e isso me fez entender que, se eu saísse, seria esquecido.

Decidi solidificar a minha posição antes de pensar em me afastar ou, melhor ainda, seguir progredindo e fazendo coisas relevantes sem precisar me afastar. Esse pensamento estava certo na minha cabeça quando um amigo me convidou para visitar umas academias em São Paulo. Lá, havia uma grande demanda por jiu-jítsu e a cidade estava órfã de uma equipe de qualidade.

Eu conhecia São Paulo e sabia do potencial da cidade que, para mim, sempre esteve relacionada ao Marcelo. Eu sequer havia pensado na possibilidade de um projeto sem ele, mas a realidade é que ele não lecionava mais. Topei fazer a visita e pude sentir a grande diferença do mercado, a valorização do trabalho duro e a gama de boas oportunidades.

Em uma das visitas, fui à academia Fórmula, dentro do shopping Eldorado. Era um lugar impressionante, com três piscinas de 25 metros, uma sala de musculação com equipamentos de última geração, quadra de basquete, sala de tatame enorme e vestiários gigantes. Totalmente equipada, despontava como um sonho de academia sob a gerência do Ricardo D'Elia, a quem eu havia conhecido através do Marcelo durante a preparação física para o vale-tudo, dois anos antes. Quando ele soube que eu estava pensando em talvez me mudar para São Paulo, garantiu que aquele era o lugar para mim. Disse-me que parasse de procurar e voltasse no dia seguinte para acertarmos os detalhes financeiros de minha contratação. Fiquei extremamente empolgado. O salário, somado ao pagamento pelas aulas particulares, seria o suficiente para meu início na cidade.

Conversei com o Jacaré, que também achou uma boa oportunidade e disse que não custava tentar. De toda forma, se desse errado, eu poderia voltar a qualquer hora. Ele garantiu.

Com a certeza de que tudo daria certo, arrumei as malas e mudei-me.

CAPÍTULO 15
São Paulo

Cheguei a São Paulo com status de campeão de jiu-jítsu. Dava minhas aulas na Fórmula, que contava com um time de estrelas em todos os esportes. Era um verdadeiro *dream team* de profissionais muito compatível com a estrutura da academia.

Aluguei uma casa grande, cara e bem localizada, com espaço para tatames na garagem onde eu poderia ministrar aulas particulares, copiando um modelo vencedor criado por Rorion Gracie ao implementar o jiu-jítsu nos EUA.

Eu treinava sempre que podia, embora muitas vezes entrasse cedo e saísse à noite sem nem ver a luz do sol, já que as instalações ficavam no subsolo do shopping.

Alguns meses depois de chegar, surgiu uma oportunidade para disputar um campeonato na Dinamarca. Mesmo com regras diferentes das que eu estava acostumado, foi a oportunidade de participar de um evento internacional pela primeira vez. Fiquei bem animado. Montamos a equipe: o Jacaré como técnico, o Telo no peso-leve, além do Sylvio Behring e alguns outros integrantes de São Paulo.

As lutas começavam com um Caratê, e pontuaríamos caso chutássemos ou socássemos no tronco ou chegássemos perto do rosto sem tocar. Segurando o quimono, tornava-se um Judô em pé. Se fosse para o chão, poderíamos usar o jiu-jítsu para vencer por finalização, mesmo antes do tempo regulamentar.

Pelas regras, deveríamos pontuar no Caratê, dar uma queda no Judô e finalizar no chão, tudo isso em dois rounds de dois minutos. Mesmo achando péssimas, competir na Europa abriria portas para o jiu-jítsu brasileiro por lá, pois decidimos organizar um tour de seminários após a competição.

Chegamos na fria Copenhague para o torneio em novembro. Nevava, e a sensação era de noite contumaz, devido à pouquíssima incidência de luz do sol durante o dia. Fomos para o ginásio, onde vários países eram representados em um evento relativamente grande. Lembro que pensei em quão distante era aquela realidade, talvez inalcançável pelo nosso jiu-jítsu.

Inscrito na categoria de 88 quilos ou mais – não existia teto de peso acima disso –, enfrentei um francês de exatos 150 quilos. A luta começou e, sendo muito mais rápido, consegui aplicar vários golpes no tronco. Segui pontuando enquanto ele segurava meu quimono para tentar me aplicar quedas de Judô, a sua especialidade. Ataquei as pernas e levei a luta para o chão, onde consegui dominá-lo facilmente. No fim do primeiro round, eu estava vencendo com facilidade e a luta se encaminhava para o fim.

O meu adversário, então, conseguiu segurar o meu quimono a fim de aplicar uma queda de sacrifício chamada *tani otoshi* – o lutador estica a perna atrás de seu adversário, sentando-se no chão e projetando o peso para derrubar o oponente. Porém, errou a queda e, ao invés do chão, sentou no meu joelho. Consegui puxar, mas ele acabou em cima da minha perna.

Um barulho seco ecoou, como se um cabo de vassoura quebrasse – no caso, era a minha perna. Faltando sete segundos para terminar, segurei a canela com as duas mãos, sentindo a parte de baixo totalmente desconectada. Na minha cabeça, só passava a sensação de que chegara ao fim da minha carreira.

A equipe médica entrou, cortou a minha calça e colocou uma bota plástica inflável que, aparentemente, segurou a perna no lugar, aliviando a dor lancinante. O enfermeiro aplicou uma injeção de morfina na minha coxa. Eles me colocaram na ambulância e deixei o ginásio direto para o hospital, onde eu soube que precisaria de uma cirurgia na manhã seguinte.

No quarto, sem poder me comunicar com ninguém, pensava em como me recuperar daquilo, fazendo o cálculo do tempo que levaria para voltar a lutar. No meio da noite, a tala saiu do lugar e a dor foi imensa.

Só acordei depois da cirurgia, com os meus amigos do meu lado. Tudo correu conforme o esperado, mas eu ainda levaria alguns dias para me recuperar e a viagem deles precisava continuar.

Raul Gazolla, que estava conosco acompanhando a equipe e documentando a viagem, se prontificou a ficar comigo. Ele passou uns dias no hospital, dormindo muitas vezes em uma cadeira, agilizando a documentação e coordenando as passagens para podermos retornar ao Brasil. Serei sempre grato por essa atitude, que significou muito naquele momento.

Liberado do hospital, fui para o aeroporto de ambulância, e de maca direto para a primeira classe de um voo da extinta Varig, sempre com a perna esticada. Já no Brasil, outra ambulância me esperava.

Ansioso para começar a minha recuperação e finalmente em casa, voltei a conduzir as aulas na Fórmula usando muletas e aproveitando a academia para me dedicar ao máximo à fisioterapia.

Era verão e o tatame estava naturalmente mais vazio. Em virtude disso, a direção reduziu a minha carga horária. Eu disse que não via problema desde que retomássemos após as férias. Eles concordaram, mas a impressão de que algo não daria certo não saía da minha cabeça.

Como já tinha alguns alunos particulares, a princípio esse corte de salário não prejudicou muito o meu orçamento.

As férias terminaram e tudo deveria voltar ao normal, porém a estratégia da academia ficou muito clara – eles usaram os grandes nomes para o lançamento e, após seis meses, dispensaram todos. No meu caso, eu havia reorganizado toda a minha vida em São Paulo – inclusive assinando um contrato caro de aluguel.

Justificaram a minha dispensa nas aulas particulares que eu dava em casa – e que foram claramente discutidas quando da minha mudança.

Ultrajado com o jogo sujo, quis comunicar pessoalmente aos meus alunos, mas fui impedido de entrar no lugar. Senti a impotência e fiquei imaginando o que eles falariam, especialmente preocupado com a possibilidade de macularem o meu nome e a minha reputação. Felizmente, alguns lutadores mais próximos cuidaram de divulgar a minha versão dos fatos aos outros.

Virei essa página com um grande problema em mãos: o aluguel da casa. Sem dinheiro, precisei negociar a multa e sair do contrato. Voltar para o Rio de Janeiro pareceu a única opção, mas o gosto da derrota não saiu da minha boca. Eu precisava encontrar um jeito, pois São Paulo tinha um grande potencial e eu não queria desistir.

Durante os meses em que dei aula na Fórmula, conheci bastante gente. Entre elas, Marcelo Gurgel acabou tendo um lugar especial na minha vida. Certo dia, ele me parou na academia para perguntar "Gurgel de onde?" Expliquei brevemente a origem e descobrimos que realmente somos primos. De fato, acabou se tornando a minha família em São Paulo.

Naquele momento de incerteza, o Marcelo me ofereceu a garagem de sua casa para colocar os tatames e dar aulas quando quisesse. Disse que eu não atrapalharia nada, e que seria um prazer. Mesmo certo do transtorno – abrir a garagem, tirar os carros, montar o tatame todas as manhãs –, eu não vi opção. Aceitei a generosidade e, aos poucos, fui sendo incluído nos almoços e jantares.

Comecei a procurar o espaço para abrir uma academia. Eu não tinha muito dinheiro e a situação na casa do Marcelo era temporária.

Achei um galpão enorme e precisando de uma boa reforma. Quando conversei com o proprietário e ouvi o preço, expliquei que não tinha alunos e que um aluguel alto era um risco que eu ainda não poderia correr. Já usaria as economias na reforma, então o valor mensal seria custoso demais.

Ele propôs que eu pagasse a ele 20% do faturamento e, quando retruquei dizendo que não tinha nada garantido, ele informou que correria o risco comigo, porque confiava que eu teria alunos.

Fechado o acordo, era hora de pensar na reforma. Vendi uma moto que havia comprado meses antes, mas não foi suficiente.

Embora o Marcelo Behring fosse a minha opção natural, ele vivia entre Rio de Janeiro e São Paulo. Por outro lado, o Sylvio tinha ido ajudar o pai deles, Flávio, a manter a academia, mas estava insatisfeito. Ele era uma ótima opção: além de amigo, também um excepcional professor. Conversamos, consegui a outra metade do dinheiro para investir, e concordamos que ficaríamos cada um com 45%. Ricardo "Franjinha" Miller, que me ajudava desde que quebrei a perna, ficaria com os outros 10%.

Montamos a unidade Master jiu-jítsu em São Paulo, e começamos a trabalhar com a demanda reprimida. Fizemos algum movimento e os alunos passaram a trazer os amigos.

Minha vida se organizou de novo, aluguei uma casa bem mais modesta do que a anterior e perto da academia, comecei a construir uma equipe e treinar com eles para as competições que voltaram a aparecer. Segui com as aulas particulares e o sufoco maior passou.

O Sylvio não conseguiu se comprometer e, depois de um tempo, conversamos e comprei a parte dele pelo valor investido. Com esse assunto resolvido, estabelecidos em um galpão enorme bastante escondido com um número estagnado de alunos, precisei trabalhar ainda mais.

Conhecendo bastante gente em São Paulo, amigos antigos do jiu-jítsu e pessoas que conheci nos tempos de Fórmula, gostei cada vez mais de ficar na cidade. Além disso, não era mais sócio no Rio de Janeiro. A vida voltou a caminhar.

Nessa época, a notícia do desaparecimento do Marcelo Behring começou a correr entre as cidades. A última vez que o viram, em uma boate no bairro da Lagoa, no Rio de Janeiro, havia sido dias antes. Enfim, descobrimos que ele havia sido assassinado em uma favela da cidade, a mando de um traficante, por ciúmes da esposa – que se apaixonou pelo lutador.

Essa foi a primeira vez que senti a morte levando uma pessoa tão próxima, tão importante e de forma tão trágica. Ele me ensinou várias coisas importantes, no jiu-jítsu e na vida. Com ele, aprendi a ter coragem, a enfrentar os desafios, a não desistir. Ele confiou em mim mais do que eu mesmo. Marcelo era amoroso, cativante, e a sua risada e o seu sorriso estão eternamente gravados no meu coração. Marcelo deixou um filho com a querida Kirla Gracie, Kywan, a quem posso chamar de amigos.

***

Um dia, conversando com Pierre Chofard, aluno do tempo das aulas particulares na casa do Marcelo Gurgel, comentei que achava o galpão muito escondido e, como já entendia melhor a cidade, acreditava que deveria estar em um bairro melhor, mais movimentado. Ele concordou e se propôs a investir.

Eu não sabia como fazer aquilo nem como tratar um investidor, mas a ideia me atraiu. Achei o imóvel no lugar que queríamos – um prédio de dois andares em um bairro bem localizado. Já havia um restaurante negociando o térreo, mas o segundo andar era um espaço razoável e construir o terceiro andar seria perfeito. Pierre topou na hora, fizemos o projeto com um arquiteto e, enfim, era a academia dos sonhos.

Iniciamos em novembro de 1995 com 250 alunos – eram sessenta no galpão anterior –, duas salas para aulas particulares e um tatame enorme ultra ventilado no andar de cima.

Pierre receberia 50% dos lucros do negócio até eu devolver o valor investido acrescido de juros de 50%. Então, o valor passaria a 20%. Não sei de onde tirei essa fórmula, mas ele ficou feliz e assim foi combinado.

Estabelecido novamente em São Paulo com uma academia cheia de alunos, continuei lutando e ganhando o que disputava, conquistei o bicampeonato brasileiro e o absoluto.

Em dezembro daquele ano intenso, casei-me com a minha namorada, recebendo do Pierre, como presente, a parte dele na academia. Insisti pelo contrário, mas ele argumentou que estava feliz por mim. Pierre permaneceu como sócio no contrato até 2019, quando vendi parte do negócio e atualizamos o acordo societário.

Adotando o nome Fabio Gurgel jiu-jítsu, revitalizei o meu antigo logotipo dos tempos de Clube Federal – o Muttley de quimono – e não deixei de usar o símbolo da Alliance, que seguiu crescendo como equipe de competição.

CAPÍTULO 16
O primeiro Mundial

Após o casamento, viajei para o Havaí em lua de mel. No entanto, anunciaram que o primeiro campeonato Mundial seria organizado pela Confederação Brasileira de jiu-jítsu em janeiro e, pela programação, sobrariam pouco mais de dez dias após a viagem para eu me preparar. Cheguei a cogitar ficar de fora; afinal, enfrentaria os mesmos atletas.

Resolvi lutar.

O evento aconteceu no Tijuca Tênis Clube, antes reservado apenas ao Judô. Depois de quatro lutas, cheguei à final com o Murilo Bustamante, de quem venci por 5 x 0. Esse foi o meu primeiro título mundial.

À época, não tínhamos ideia da dimensão que o mundial tomaria, mas o importante é que, com sete anos de faixa preta, venci o Mundial, o Brasileiro pela terceira vez e o de equipes.

Um novo desafio apareceu: Sérgio Monteiro, um amigo que morava nos EUA, me ligou perguntando se eu gostaria de lutar o UFC. Lembro de ficar muito animado e, ao mesmo tempo, apreensivo, ponderando sobre quem poderia me treinar. Nossa escola era muito voltada para o jiu-jítsu esportivo. Diante disso, liguei para o Rickson, que me apoiou e disse que me treinaria.

Falei com o Sérgio, que veio a se tornar posteriormente o meu empresário, e confirmei a minha presença no evento. O campeão da época era o Coleman, que estaria no *card*[29] – a única informação que eu tinha. Organizei tudo na academia e, quando faltavam dois meses para a luta, fui para Los Angeles.

Conseguimos uma vaga como *alternate*[30] para o Traven, e partimos levando o nosso professor de Boxe, Claudio Coelho, ficando hospedados na casa de um amigo que estava estudando na cidade. Treinávamos com o Rickson duas horas por dia; fora o Boxe e a preparação física. Tive a oportunidade de ver de perto a genialidade e o entendimento da técnica. Aprendi muito naquele tempo.

A lista dos lutadores foi anunciada e nomes como Jerry Bohlander e Tank Abbott seriam o caminho para a final, provavelmente disputada contra Coleman. Rickson convidou alguns *wrestlers* e outros lutadores para simular adversários bem mais pesados. Treinei com um lutador de uns 140 quilos, realmente enorme, mas não tive dificuldade. Estava confiante em todos os cenários, mostrando um Boxe afiado e sentindo um gás infinito.

Por ocasião dos exames para o evento, o médico analisou um problema no meu eletrocardiograma que o impediu de me liberar para a luta. Fiz uma análise mais completa do coração e descobrimos que, felizmente, era apenas uma sensibilidade. Foram dias sem treinar direito, preocupado e sentindo um cansaço incomum. É incrível como a mente pode atrapalhar o corpo.

Com a alta médica e os treinamentos regularizados, finalmente chegou a semana da luta. Faltando dois dias para embarcar para a Geórgia, o Rickson informou que não poderia me acompanhar e nem ficar no *corner*, pois existia uma disputa entre a organização do Japão pela qual ele lutava e a do UFC. Senti a minha confiança abalada, mas entendi e agradeci sinceramente pelos meses de dedicação. Prometi que faria o meu melhor para sair vencedor.

---

29. Lista de lutadores incluídos no evento.
30. Lutador reserva, não incluído no card principal do evento.

Sem acreditar que aquilo estava acontecendo, liguei para o Jacaré para pedir que ficasse no nosso *corner* – meu, do Traven e do Claudinho. Com isso resolvido, viajamos e, já no hotel, encontramos vários amigos e alunos, que foram assistir ao evento e nos ver lutar.

Após muita discussão na preleção, ficou decidido um round de quinze minutos.

Big John McCarthy sentou-se comigo para explicar as regras, e disse saber que eu ficaria muito confortável no chão, porém, se a luta tivesse pouca ação, ele mandaria levantar. Entendi perfeitamente.

Lutei com Jerry Bohlander, um competidor do meu peso da escola Lion's Den, a mesma do Shamrock, um dos primeiros ídolos do UFC. A luta começou e eu, buscando o *clinche*, não consegui derrubá-lo. Acabei caindo por baixo.

Na volta em pé, acertei um direto em cheio no seu rosto e ele chegou a dobrar as pernas. Talvez fosse a hora de continuar socando, mas não estava condicionado a fazer isso. Então, aproveitei para derrubá-lo. Cheguei numa posição de muito domínio e parti para a montada, a minha posição preferida, disposto a finalizar a luta.

Bohlander explodiu no exato momento em que eu fazia o movimento, e perdi a posição. Ele caiu por cima, colado na grade, segurando-a com as duas mãos e impedindo que eu me afastasse ou tentasse qualquer ataque. Fomos para o meio do octógono apenas uma vez em uma tentativa minha de ataque, mas ele rapidamente me arrastou para a grade de novo, dando socos bem curtinhos que não surtiram efeito. Ao final dos 15 minutos, jamais interrompidos pelo árbitro, Bohlander foi declarado vencedor.

Senti a decepção de perder uma luta ganha, saindo sem machucados. Não tomei nenhum golpe efetivo – estava frustrado. Depois de treinar muito, performei nem a metade.

Voltei para a academia em São Paulo e encontrei um clima horrível. Ouvi que o Franjinha, meu professor principal, estava extremamente insatisfeito e com planos de abrir a própria academia. Não acreditei nos boatos e o graduei faixa preta por entender que estava na hora. Os rumores se mostraram verdadeiros e a nossa relação azedou quando ele foi embora da academia.

Cheguei a outro momento delicado da minha vida: cheio de alunos e sem o principal professor. Por outro lado, esse período abriu outra oportunidade com o Leo Vieira, que acabara de vencer o mundial de faixa marrom e ser graduado a faixa preta em nossa academia do Rio de Janeiro pelo Jacaré. Convidei-o para assumir algumas turmas, e ele se juntou ao time de São Paulo. Dávamos aulas, treinávamos e competíamos; a nossa equipe ganhou muita qualidade.

Frederico Lapenda, um novo empresário, me ligou oferecendo uma revanche contra o Jerry Bohlander no Brasil. Aceitei de imediato, e começamos uma grande promoção. Fizemos o *face off*[31], gravamos diversos vídeos de divulgação, tiramos fotos para outdoors e tudo mais. A luta foi marcada para 17 de janeiro. Seis meses após o UFC, eu teria a minha revanche.

Treinei bastante e estava superpreparado, mais experiente e contando com o apoio da minha torcida. Nem tudo acontece como planejamos e precisamos nos adaptar às novas situações que se apresentam em nosso caminho. Bohlander não assinou o contrato e, embora o promotor tenha tentado até o último minuto, não arriscamos seguir com o evento, que foi cancelado.

Frederico, então, me ligou e ofereceu uma super luta com algum outro atleta, e que eu poderia sugerir um nome com quem quisesse lutar. Respondi que, como o Bohlander não viria, gostaria de me testar novamente em um torneio de oito lutadores com três lutas na noite[32].

---

31. Acontece quando dois lutadores são colocados frente a frente perante a mídia, para divulgação prévia de uma luta.
32. O campeonato teria oito lutadores em uma chave; o campeão lutaria três vezes na mesma noite.

Ele disse, então, que eu poderia escolher a *super fight*[33], mas eu preferi entrar no torneio. Assim, fui anunciado no World Vale-Tudo Championship 3 (WVCIII).

Entre os lutadores, nomes conhecidos de veteranos do UFC, como Pat Smith e Paul Varelans, um *wrestler* de 160 quilos treinado pelo Richard Hamilton, treinador que já tinha revelado Don Frye e Mark Coleman. Quando vi quem chegava para a reunião de regras, soube que ele seria o meu principal adversário no torneio, Mark Kerr.

Meu primeiro embate foi contra Pat Smith, um competidor de 100 quilos e extremamente perigoso na luta em pé. Eu precisava encurtar a distância e preparei-me mentalmente para fazer isso assim que soasse o gongo inicial.

Os *strikers*, lutadores que gostam de combater separados trocando chutes e socos, normalmente precisam de um tempo de análise para ajustar a distância antes de preparar suas combinações. Não dei a ele esse tempo. Caminhei em velocidade e ele, ao tentar girar no ringue para achar a melhor distância, ficou encurralado. Agarrei a sua cintura e, sem tomar nenhum golpe, saí da zona de perigo e entrei no meu jogo.

Tentei derrubá-lo e senti que ele já estava caindo quando algo impediu a queda: ele havia abraçado a corda do ringue – movimento proibido. Eu e o árbitro fizemos de tudo para que ele soltasse, e até uma pessoa do público empurrou o seu braço – uma evidente falha na segurança do evento –, mas nada aconteceu e a posição seguiu da mesma forma. Smith, vendo que não tinha como escapar – teria de largar a corda e cair na sequência –, preferiu desistir, alegando que o torcedor o havia agredido.

Avancei para a semifinal.

A minha segunda luta foi contra Michael Patchouli, um *wrestler* americano não muito maior do que eu. Venci sem grandes problemas em pouco menos de cinco minutos com socos de dentro da minha guarda aberta.

---

33. *Super fight* é uma única luta.

Na final, conforme havia previsto, enfrentei Mark Kerr, que limpou o outro lado da chave com lutas bastante violentas. Todos estavam visivelmente apreensivos. Além de grande e forte, era um *wrestler* de primeira linha. A previsão era de uma grande luta.

Subimos ao ringue e o embate teve início. Passei a próxima meia hora vivendo uma das experiências mais intensas e importantes da minha carreira. Sem rounds ou descanso – fora aqueles dentro da luta por conta da técnica –, a batalha já iniciou bastante intensa.

Kerr partiu para me derrubar e, embora eu tenha conseguido alguns bons socos, lutar por baixo era o mais provável além de estar dentro do meu plano.

Ao ser *clinchado*, puxei voluntariamente para a guarda para não ser surpreendido por uma queda pior, e a luta foi para o chão. Com o peso dele sobre mim, muito bem distribuído e com uma base sólida, as trocas de golpes se intensificaram.

Procurei manter uma distância segura enquanto fazia guarda, lembrando dos treinos do Carlson anos antes e de como tinham sido importantes. A minha confiança era inabalável e, toda vez que eu perdia o controle da distância porque ele se afastava, levantava e começávamos de novo. Esse processo se repetiu algumas vezes; e poucos golpes passaram pela minha linha de defesa.

Kerr mudou a estratégia e começou a colocar o peso mais para cima, exigindo que eu fizesse muito esforço para afastá-lo. Em um desses momentos, ele mordeu o meu dedo com toda força. Virei para reclamar com o árbitro, e tomei uma cabeçada abaixo do olho.

A luta seguiu sem nenhuma interrupção, parecendo uma briga. Eu não tinha para quem reclamar ou pedir ajuda. Se quisesse fazê-lo pagar pela mordida, eu poderia bater de forma limpa o quanto quisesse, e já estava tentando fazer isso.

A raiva pela deslealdade não se desenvolveu dentro da minha cabeça e nem virou desculpa para parar. Cansado, percebi que as minhas pernas começaram a falhar ao fazer força para empurrá-lo, criando brechas na linha de defesa para mais golpes entrarem.

Como o meu olho estava inchado, o meu adversário empurrou o edema para cima sempre que a luta desacelerava. Ele estava dentro da minha guarda, mas eu resisti, já quase assumindo que não conseguiria ganhar.

Perguntei ao meu *corner* quanto tempo faltava – doze minutos. Alguns segundos de desespero tomaram conta de mim, porque eu sabia que não tinha a menor condição de lutar esse tempo todo naquela intensidade.

E talvez, se eu não tivesse sido criado escutando histórias dos sacrifícios dos lutadores que vieram antes de mim, da bravura e do heroísmo com que enfrentaram seus desafios, caso não tivesse me inspirado tanto neles para estar ali, desistir poderia ser uma opção. Eu estava extenuado, mal conseguia enxergar, e não via maneiras de reverter aquela luta.

As escolhas exigem que eliminemos outras opções. Quando resolvi representar o jiu-jítsu no vale-tudo, escolhi que desistir não seria uma possibilidade. Então, precisei criar outra estratégia. Continuar fazendo a mesma coisa não dava mais.

Relaxei e parei de empurrá-lo. Não resisti mais para que ele não passasse a minha guarda, o que aconteceu duas vezes e sem perigo. A luta mudou de cenário. Kerr começou a diminuir o ritmo e frustrar-se, pois não conseguia me vencer e, aos poucos, fui me recuperando. O cansaço não era mais um problema, a luta estava se aproximando do final e eu tinha controlado o pior momento, mantido a minha mente forte, e segui tentando encontrar o caminho para vencer.

O gongo soou anunciando o final do round previsto de trinta minutos e, após a pequena discussão sobre termos uma prorrogação de dez minutos, os juízes decretaram a vitória de Kerr.

Pedi o microfone para dizer algumas palavras. Primeiro, agradeci ao evento pelo belíssimo show e, principalmente, aos meus alunos e professores por todo o suporte. Disse que estava disposto a qualquer coisa quando subi naquele ringue, até mesmo ficar cego pela defesa do que acredito. Lembrei das palavras que ouvi ainda no vestiário da luta de 1991, "todas as partes de nosso corpo virariam medalhas no museu do jiu-jítsu", e nada me orgulharia mais do que ter meu nome gravado nessa história.

Naquele momento, tão próximo do meu limite físico e mental, não sucumbir me tornou um homem diferente. Transformei essa derrota em uma das coisas mais importantes que aconteceram em minha carreira.

A semana seguinte foi de recuperação e de enorme repercussão na mídia. A luta foi transmitida pela Rede Bandeirantes, e matérias em toda a imprensa nacional destacavam o vale-tudo e, consequentemente, o jiu-jítsu.

Voltei para a academia retomando os treinamentos, as aulas e a minha rotina normal.

O ano de 1997 estava apenas começando. Com vinte e sete anos, eu estava no auge da minha forma física e técnica. Sempre olhei para a frente em busca de sinais sobre quais caminhos tomar. Escolhi, desde jovem, viver de jiu-jítsu e isso me deu poucas chances de errar nas escolhas. Éramos um mercado ainda pequeno e pouco valorizado, eu tinha uma academia de relativo sucesso com muitos alunos para a época e havia construído uma reputação sólida como atleta e professor.

Meus dias eram preenchidos com o que eu amava fazer e tudo caminhava bem. Entretanto, o jiu-jítsu ainda tinha uma imagem ruim, era muito atacado pela mídia – que ressaltava brigas entre praticantes com frequência, fazendo a sociedade acreditar que essa era a sua principal característica, afastando-o de sua origem e objetivo como ferramenta de desenvolvimento humano, o que sempre acreditei e vivenciei.

Com plena consciência dos problemas, eu entrei em uma briga necessária para o futuro da modalidade, embora difícil de comprar. Alguém precisava defender o jiu-jítsu dos ataques sensacionalistas e, ao mesmo tempo, conscientizar os atletas e professores a mudarem as suas atitudes.

Por outro lado, os eventos de vale-tudo estavam começando a ficar maiores e o Japão entrara no circuito para competir com o UFC. Rickson já havia lutado alguns anos antes no *Japan Open*, mas agora surgia um novo evento com a promessa de ser o maior torneio da modalidade no planeta, o Pride.

Eu estava na crista da onda, fiz uma luta de muito destaque, tinha a possibilidade de seguir – carreira profissional no vale-tudo e me dedicar com exclusividade a essa nova modalidade que surgia, o MMA (Mixed Martial Arts).

Atletas de outras modalidades também sabiam jiu-jítsu e não havia mais necessidade de provar que era a melhor arte marcial contra as outras, o que valia era o atleta, aquele que conseguiria combinar melhor as modalidades e técnicas em uma luta de combate. Era o início da individualização do esporte – o lutador é mais importante do que a arte que ele defende.

Entendi que, por mais tentador que fosse – mais dinheiro envolvido, a chance de fama mundial –, a profissionalização no vale-tudo e do MMA também seria de curta duração.

Por quantos anos eu ainda conseguiria lutar em alto nível? Cinco, talvez. Será que me afastar do meu propósito de professor para ser apenas atleta era a melhor escolha?

Decidi que não, que a briga que eu deveria comprar era a do jiu-jítsu. Embora menos atrativa naquele momento, seria muito mais duradoura e era o que eu amava e acreditava de fato.

Gary Keller, em seu best-seller *The one thing*, afirma que resultados de sucesso estão diretamente relacionados a quanto você consegue estreitar seu foco. Embora acredite que é necessário se dedicar ao que se propõe, discordo desse hiperfoco em apenas uma coisa. No meu caso, a "coisa", o jiu-jítsu, é um universo amplo. Precisei me preparar em diferentes valências para ter sucesso de fato.

Ser apenas o melhor lutador não me levaria até onde cheguei. O hiperfoco precisa ser temporário, e escolhido com muito cuidado. Decidir pelo MMA me levaria a apenas treinar e lutar, concorrer num mercado extremamente difícil e, caso fosse bem-sucedido, viver uma carreira forçosamente curta.

Não era um bom caminho.

Seguindo no jiu-jítsu, eu poderia ser um atleta sem deixar de dar aulas e cuidar da gestão da minha academia, poderia me dedicar a organizar a Alliance e isso, por si, já me traria a necessidade de entender muito melhor de negócios e de pessoas.

Eu enxergava muitas necessidades à minha frente, um grande campo para melhorias, e isso me impôs uma diversidade de estudos e qualificações para que pudesse navegar com segurança por todas essas transições.

Ao longo da minha jornada, precisei fazer mudanças de posição. A adaptação é obrigatória por várias questões. Por exemplo, como atleta eu sempre soube que um dia o meu corpo não permitiria mais uma performance satisfatória. A transição natural seria tornar-me professor, mas se esperasse, provavelmente seria um professor ruim, pois não teria nenhuma experiência.

Pessoas ambiciosas e que procuram evoluir normalmente fazem a transição quando ficam boas em alguma coisa. Um novo desafio aparece e elas tendem a aceitar, voltando a ser ruins e precisando se dedicar à nova função até dominá-la. Ora, por que não prever essas transições e se preparar para dominar outras habilidades? Sempre agi assim.

Eu era atleta, mas me dediquei a ser um bom professor. Quando me tornei um bom professor, quis também ser um bom gestor. E assim por diante. Fazer coisas relacionadas à atividade, mesmo sem ser necessariamente a função principal, me parece essencial para construir transições suaves e seguras.

***

O segundo Mundial de jiu-jítsu foi anunciado e claro, eu defendi o meu título. No pesado, fiz quatro lutas e fui campeão, vencendo Daniel Gracie na final.

No absoluto, cheguei à final e muito perto da maior conquista do esporte, o ouro duplo na faixa preta. Meu adversário seria novamente meu arquirrival, Amaury Bitetti.

Nossa luta foi duríssima como sempre. Puxei para a guarda e lutei por baixo, como de costume. Ele conseguiu fazer uma vantagem e saiu na frente. A luta acelerou e empatei com uma quase raspagem.

De novo em pé, ataquei e o fiz sair da área por umas três vezes. Senti que estava melhor e mais inteiro.

Chegamos empatados no final, e eu estava certo de que venceria na decisão do juiz. Com apenas um árbitro para decidir, o braço do meu opositor foi erguido a Amaury Bitetti se consagrou bicampeão mundial absoluto.

Questionei o árbitro, embora a decisão já estivesse tomada, e ouvi que o embate tinha sido equilibrado, mas como eu já tinha vencido a categoria pesado, achou certo dar a vitória para o meu adversário.

Foi outro momento inacreditável, injusto e revoltante da minha carreira.

Saí do mundial com um ouro e uma prata, mesmo tendo feito a minha melhor performance em um campeonato mundial.

Muitas pessoas reclamam de resultados, e é claro que eu já reclamei. Em nossa vontade de ganhar, sempre analisamos as decisões com um viés próprio. Muitas vezes, achamos que merecemos mais do que de fato fazemos jus, mas "não deixar na mão do árbitro", frase que sempre ouvi de meu mestre e repassei para meus alunos, tem um significado deveras importante nesses momentos.

Você deve fazer mais, tornar o resultado incontestável, subjugar completamente o seu oponente para obter a vitória.

Nem sempre é possível. Há adversários extremamente capacitados, e nem sempre é o caso de uma injustiça. Assumir os erros e treinar para ser melhor na próxima são os pensamentos que nos colocam para a frente.

Reclamar para ouvir dos amigos a confirmação do que você gostaria é apenas um apoio emocional para uma fraqueza de sua parte. Não perca tempo vitimizando-se, pois isso pode se tornar um hábito, e, se isso ocorrer, você terá um problema quase que insolúvel em mãos.

Meu foco passou a ser totalmente minha academia, meus alunos e prepará-los para reforçar a equipe Alliance nos campeonatos. Competir no jiu-jítsu e dar aulas ao mesmo tempo sempre fez parte da minha vida, e eu não tinha absolutamente nenhum problema em conciliar as duas coisas.

Agora, eu precisava ser melhor na administração. Enquanto era bom no tatame, ainda era faixa branca em gestão, e conduzia esse lado da academia de maneira muito amadora – apenas com o que aprendi a fazer desde o início no Rio de Janeiro.

Eu me esforçava para ter ideias novas e colocá-las em prática, mesmo sem uma formação acadêmica na área, e já tinha o meu próprio negócio desde os vinte e um anos.

Minha dedicação não foi suficiente para evitar os problemas e deparei-me com um que tive dificuldade para solucionar: o proprietário do prédio onde estávamos localizados quis dobrar o aluguel – um absurdo, pois eu aumentei a área construída, arcando com a reforma e a legalização junto à prefeitura.

Ele entendeu que o imóvel havia valorizado, e que eu deveria pagar baseado no preço do metro quadrado de mercado. Não era justo, assim como o mundo não é, mas precisamos seguir em frente com a melhor opção que temos no momento.

O almirante McRaven, ex-comandante dos Seals, divisão de elite da marinha americana, e responsável por milhares de operações durante seus anos de serviço, inclusive a que culminou na morte de Osama bin Laden, conta em seu livro autobiográfico *Sea stories* que, uma vez, estava na formação dos soldados quando uma ordem de seu comandante chegou a seus ouvidos. A palavra "água" significava que, independentemente do que estivesse fazendo, deveria largar e mergulhar na baía gelada de San Diego na Califórnia. Ele conta que saiu correndo, mergulhou, rolou na areia e voltou para a formação como havia sido ordenado. No entanto, não entendia por que recebera aquele comando já que não tinha feito nada errado.

O dia seguiu com um intenso trabalho de toda a tropa, e finalmente todos entraram em forma antes da dispensa. Havia sido um dia duro como sempre, agravado pelo desconforto de estar com a roupa molhada e cheia de areia. O comandante perguntou a ele, então, se sabia por que pulara na água. Ele respondeu que não. "Para mostrar que o mundo não é justo", afirmou o comandante.

McRaven não havia feito nada de errado. Às vezes, o mundo nos trata dessa forma, e devemos decidir se seremos a vítima ou se seguiremos em frente fazendo o melhor que pudermos. A primeira opção nos deixa amargos, revoltados com as injustiças e com sede de vingança; a outra, torna-nos focados no que está sob nosso controle, nos ensina que obstáculos criam oportunidades, nos torna gratos.

O bom e o ruim não são absolutos. O que parece muito ruim hoje, muitas vezes fazem um bem inimaginável no futuro e, por terem acontecido, nos permitem conquistar coisas com as quais nunca sonhara.

Assim, sem conseguir pagar o preço cobrado pelo proprietário, deixei o imóvel. Lembro da sensação de fracasso que senti por não conseguir manter funcionando uma academia que tinha sido construída pensando em um modelo ideal. Para mim, a única explicação era a minha incompetência gerencial.

Com duzentos alunos e uma ótima reputação, eu precisava seguir em frente e achar um novo lugar para dar aulas. Estar novamente dentro de uma grande academia me parecia melhor, pois teria que cuidar de muito menos burocracia e poderia me dedicar apenas às aulas e aos alunos.

Vi uma oportunidade de mudar, com uma boa negociação, para dentro do Projeto Acqua, uma academia muito bem localizada em um local que se converteu no centro financeiro da cidade.

Tudo melhorou. Eu não precisava mais cuidar das instalações, funcionários, limpeza, contas etc., tinha um espaço para aulas coletivas, outro para aulas particulares e um escritório.

Mantive a minha empresa funcionando e arrendei o espaço pagando 20% do faturamento como aluguel.

A equipe cresceu e o Leozinho teve a ideia de trazer o Tererê para ajudá-lo nas aulas. Éramos nós três, o Leo Negão, o Telles, o Demian, o Beto Schumaker e muitos outros. Montei um espaço para aulas particulares, de forma a proporcionar mais conforto e privacidade aos meus alunos, e aluguei uma casa ao lado para onde levei o meu escritório.

Eu dava aulas o dia inteiro, deixando as coletivas sob a responsabilidade do Leo e do Tererê. Voltei a ter dificuldades financeiras; os custos subiram sem parar e o faturamento diminuiu.

Percebi a queda somente depois de alguns meses: os duzentos alunos tinham reduzido a menos de cem. Além disso, o custo do escritório aumentou, pois os meninos, Leo, Negão e Tererê – que moravam na frente, em uma casa alugada – usavam-no para fazer ligações fora do expediente. Não o faziam por maldade ou desonestidade, mas a falta de controle administrativo de minha parte permitiu muitas coisas erradas, inclusive sucessivos atrasos e faltas dos professores.

Outro fracasso se aproximava e eu precisei fazer mudanças. Voltei a dar as aulas coletivas e dispensei o Leo e o Tererê – não sem antes passar um grupo de alunos particulares e conseguir um lugar para eles começarem a própria academia.

Essas medidas foram necessárias, embora não tenham sido bem recebidas. Deixei o apartamento em que morava, de onde pegava trânsito para chegar ao trabalho, e mudei para um imóvel mais próximo da academia.

Recuperei as finanças e voltei a ter alguma tranquilidade.

CAPÍTULO 17
Jiu-jítsu pelo mundo

Um belo dia, chegou à academia um visitante da Finlândia, diretor da Nokia a trabalho no Brasil, faixa preta de jiu-jítsu, com quem eu havia competido na Europa anos antes. Ele não sabia quase nada de jiu-jítsu, mas ficou encantado com a nossa técnica e perguntou se eu gostaria de ir a Helsinque para um seminário. Ele voltaria em duas semanas e organizaria tudo. Fiquei bastante animado e trocamos e-mails.

Com o convite oficial, fui para a Finlândia pela primeira vez para um seminário, sábado e domingo em maio, final da primavera, com o sol brilhando praticamente o dia inteiro até quase onze horas da noite. O evento estava lotado – eram mais de cem pessoas em um tatame gigante, como não existia no Brasil.

Devidamente apresentado, comecei. Meu inglês era muito precário, mas fui capaz de mostrar as técnicas por quatro horas sem parar nos dois dias. Passei uma quantidade de informação impossível de se assimilar, mas foi um sucesso. Fui convidado a voltar no final do ano, e tracei um plano.

No convite seguinte, me ofereci para ficar uma semana ao invés de dois dias, e expliquei que seria muito mais produtivo se pudesse replicar o mesmo ritmo de aulas da minha academia em São Paulo. Dessa forma, os alunos poderiam aprender dentro do nosso modelo. Ele argumentou que não teria como pagar mais, e respondi que não tinha pensado em ganhar mais, apenas em entregar um sistema mais produtivo.

O plano funcionou e foi realmente muito melhor. Por fim, criamos uma divisão de Brazilian Jiu-Jítsu dentro da academia europeia. Foi a primeira filial da Alliance fora do Brasil.

Crescemos também no nosso país e, enquanto tentávamos organizar as regras de utilização da marca, fazíamos reuniões infinitas para decidir os rumos a tomar. Eram muitas cabeças sem uma liderança definida, as ideias não saíam do papel – nem mesmo as boas. Não existia *benchmark* de uma organização de luta, e a única inspiração que tive foi estudar um pouco o modelo da Abada Capoeira do mestre Camisa, espalhada em todo o mundo. Nele, os alunos pagavam uma taxa para fazer parte, e esse fundo suportava os professores que viajavam e divulgavam o grupo.

Debruçado nessa ideia, escrevi um estatuto sobre como eu entendia que a Alliance deveria funcionar, apresentei ao Jacaré em uma oportunidade em que ele estava de passagem pelo Rio de Janeiro, e fiz questão de conversar com vários colegas antes de colocar na mesa. Cheguei à reunião e comecei a contar os planos, bem como a forma que imaginava que deveríamos funcionar. Propus uma mensalidade a ser paga por todas as academias ligadas à Alliance, uma taxa mínima a todos os alunos para terem uma carteirinha, a continuidade do Alliance News – um jornal interno que distribuiríamos para todas as escolas –, um presidente que centralizaria todas as decisões e que seria eleito por votação dos fundadores, entre outras coisas.

Quando terminei de fazer a minha apresentação, aqueles que me apoiaram em particular foram contra, disseram que eram muitas mudanças e que não funcionaria. Por fim, o Jacaré decidiu colocar um faixa roxa como gerente de competição para organizar a equipe nos campeonatos. Meu plano foi totalmente rechaçado.

Enquanto eu vislumbrava uma academia grande com uma equipe organizada, ninguém queria mudar absolutamente nada. Coloquei a "viola no saco", e voltei para trabalhar no meu espaço em São Paulo.

No primeiro campeonato com o novo gerente responsável, deu tudo errado, até as inscrições. Não havia suporte. Voltamos ao antigo padrão de organização descentralizada e cada academia cuidando de seus alunos.

O ano de 1998 continuou difícil para mim, e eu perdi a final da categoria pesado, no Mundial, para o Saulo Ribeiro. Por outro lado, com a Alliance, fomos campeões mundiais pela primeira vez.

Da primeira vez que fui aos EUA, em 1989, fundamentei uma relação estreita com o Rickson – organizei um seminário para ele em São Paulo em 1995 e passamos a treinar juntos sempre que possível. Aprendi muito e serei eternamente grato a ele.

Durante um treinamento em Teresópolis, cidade serrana do Rio de Janeiro, para uma de suas lutas – que nunca aconteceu –, ele veio conversar comigo sobre o seu irmão Royler estar preocupado com a nossa relação, pois poderia um dia vir a me enfrentar, e não gostava da ideia de o Rickson continuar me ensinando.

Expliquei que o Royler era muito mais leve do que eu – ele, pena; eu, pesado –, mas ele insistiu que poderia acontecer no absoluto. Eu me comprometi a não lutar contra ele, e ceder a vitória caso nos cruzássemos em algum campeonato. Rickson concordou, e fez a promessa de que nenhum aluno da escola lutaria comigo. Não por isso, mas aceitei, já que o meu objetivo era unicamente continuar aprendendo com ele.

Um amigo me ligou pedindo para eu organizar um seminário do Royce em São Paulo, porque o grão-mestre Hélio Gracie também iria, juntamente como grão-mestre Rorion Gracie. Eu prontamente disse que sim, e o fiz com muito sucesso.

Naquele momento, havia uma rivalidade interna entre a família: Rickson e Royler de um lado, Rorion, Royce e o grão-mestre Hélio do outro. Eu, é claro, não tinha a menor ideia e isso nunca me foi falado ou explicado. Hoje, vejo que o Rickson entendia que eu não poderia ter organizado o seminário do Royce.

Saulo, que era aluno do Royler, se inscreveu na minha categoria sem que ninguém falasse nada. Chegou à final do Mundial comigo. Como eu não havia pedido nada, não esperava nada. Ali, o acordo acabou, e eu e o Rickson nos distanciamos. Nutro uma enorme admiração, respeito e gratidão por ele, mas os nossos caminhos se separaram.

Perdi o campeonato individual, mas o time Alliance venceu o seu primeiro título de uma forma emocionante. Estávamos disputando ponto a ponto com a Barra Gracie, e as categorias já haviam se encerrado.

Na última, o absoluto faixa roxa, não tínhamos ninguém pesado – o que reduziu as nossas chances. Porém tínhamos um garoto que faria ainda muito barulho no mundo do jiu-jítsu: o nosso peso leve, Fernando Tererê. Ele começou a disputa vencendo bem a primeira luta, mas enfrentou Alexandre Café, da Barra Gracie, um atleta superpesado e muito bom. A luta decorreu como o esperado, com uma vantagem grande em favor do Café. Não havia mais chances reais de uma virada, a "pá de cal" estava quase sendo colocada. Café foi para uma chave de braço e finalizou Tererê, que bateu imediatamente. Seu braço continuou sendo apertado mesmo depois da intervenção do juiz, em uma atitude extremamente antiesportiva, o que ocasionou a desclassificação do Café e a consequente vitória inesperada do Tererê.

Passamos para a semifinal, mas o problema havia aumentado de tamanho. O adversário agora era o temido Ricco Rodriguez, 120 quilos, *wrestler* e excepcional competidor – que, depois, se tornou a estrela do Abu Dhabi Combat Championship (ADCC) e UFC.

Foi mais uma luta horrível para o Tererê, que vinha perdendo de 13 x 0 até os últimos segundos, quando conseguiu sair de um ataque e, pela primeira vez, ficou por cima.

Ricco foi obrigado a virar em quatro apoios para se proteger de uma passagem de guarda, e tomou um ataque fulminante no pescoço. Não tinha mais tempo e ninguém acreditava que ele bateria, mas o juiz percebeu baba na boca do Ricco e interpretou que o atleta estava inconsciente, encerrando a luta. Tererê foi declarado vencedor e partiu para uma quase impossível final.

Tínhamos agora outro confronto direto contra a Barra Gracie, o Rolls Jr., lutador que também tinha a vantagem de peso e tamanho. Tudo parecia estar dando certo para nós e, com esperança, assistimos ao Tererê subir no tatame. Ele começou perdendo mais uma vez.

Perto do final, ele fazia guarda sem sucesso em suas tentativas de raspagem, todas bem defendidas pelo filho de Rolls. Então, o Tererê achou um bote no triângulo[34] e, sendo muito mais leve, não conseguiu evitar que o seu adversário ficasse em pé para defender.

Era a sua última chance, e o nosso representante subiu com o triângulo semiencaixado, abraçado ao pescoço do seu oponente, que não pensou duas vezes e se arremessou ao chão com toda a força, executando o bate-estaca, um golpe proibido que já mencionei antes, e sendo imediatamente desclassificado.

Tererê foi campeão mundial absoluto faixa roxa e a Alliance, campeã mundial por equipes pela primeira vez por uma diferença de apenas dois pontos.

Como campeã do mundo, a Alliance atraía ainda mais atenção. Eu tentava capitalizar aumentando nossa rede de filiados no Brasil e, principalmente, em outros países. Nova York e Helsinque foram as primeiras cidades, seguidas por Frankfurt e Berlim. Logo tínhamos uma rede que me ocupava por várias semanas do ano. Eu viajava, conhecia o mundo e ainda voltava com um bom dinheiro em moeda forte, que usei para fazer uma poupança.

---

34. Movimento muito rápido e inesperado para encaixar o golpe.

Cada um dos fundadores da Alliance fazia ou tentava fazer a mesma coisa, uns com mais sucesso, outros com menos, mas a nossa equipe aumentou de tamanho de forma desorganizada, mesmo enquanto ficávamos cada vez mais presentes e relevantes para o jiu-jítsu.

Em 1999, fizemos um ótimo campeonato e vencemos novamente o Mundial por equipes. Eu não consegui o título mais uma vez. Aos vinte e nove anos, caí na semifinal em uma luta contra o Murilo Bustamante, campeão daquele ano.

Consegui organizar um centro de treinamento no interior de São Paulo, e levei a nossa equipe quase completa – cerca de sessenta atletas – para treinar por dez dias, comendo e dormindo 100% focados no principal torneio do jiu-jítsu. Fiz todo o treinamento, mas não consegui uma boa performance.

A minha vida pessoal estava desorganizada – havia acabado de me separar e aproveitava a sensação de liberdade, dedicando-me muito menos à prática do que deveria. Dez, vinte ou trinta dias de dedicação não apagam tudo o que foi feito de forma errada.

Costumo dizer, como aprendi com o Bené nos tempos de vôlei, que um dia de treino perdido nunca se recupera. Isso não quer dizer que você não pode se esforçar, mas jamais vai recuperar o que faltou. Por isso, quando falamos de disciplina, precisamos entender o que ela significa de fato, e como podemos colocá-la de uma vez por todas em nossas vidas. Sem dúvida, não vai evitar as derrotas, mas trará a certeza do dever comprido, o que é quase a mesma coisa.

"Disciplina é liberdade". Talvez você já tenha escutado essa frase, bastante verdadeira no sentido de que precisamos, inicialmente, controlar os nossos ímpetos e paixões. Essa é a primeira e mais importante tarefa para se tornar uma pessoa disciplinada.

As tentações estão em todo lugar e devem ser combatidas sempre. No exemplo da dieta, comer um doce de vez em quando não faz mal para a sua saúde, mas abala a sua confiança no autocontrole dos desejos. Todas as vezes que cedemos, enfraquecemos, desviamos do caminho da disciplina e, consequentemente, da virtude.

Normalmente as pessoas rotulam de radicais os que fazem suas escolhas sempre pelo que é melhor, menosprezando os seus esforços. Atingir o controle, como tudo na vida, é uma questão de treino, e pode ser iniciado a qualquer hora e adotado em diferentes aspectos da vida.

Melhorar a dieta é tão importante quanto a frequência de exercícios, que não fica à frente do desenvolvimento intelectual. E nada disso nos leva a uma vida virtuosa se não soubermos nos relacionar, não cuidarmos das pessoas à nossa volta, nos tornarmos disponíveis para a nossa família e amigos e assim por diante.

Disciplina nos permite não gastar tempo com coisas que não importam. Sêneca afirmou, em *Sobre a brevidade da vida*, que "não é a vida que é curta, somos nós que gastamos o nosso tempo de forma errada".

A dedicação a ser o melhor que você pode todos os dias é uma forma de viver, e o afasta de perigos cada vez mais constantes em nossa sociedade. Prazeres imediatos e a lei do mínimo esforço são males criados pelo desenvolvimento de novas tecnologias, e que nos levam para uma vida avessa a qualquer sacrifício e uma eterna busca pela felicidade baseada em conceitos hedonistas. Não existe satisfação pela conquista precedida por determinação e esforço, mas o prazer pelo prazer, que nos torna fracos e vazios de sentimento.

Eu estava totalmente focado no jiu-jítsu, acompanhava meus amigos lutando no Japão, alguns fazendo sucesso no UFC, e dedicado a crescer a minha escola. Consegui uma carteira extensa de aulas particulares e conduzia uma média de dez treinos por dia, além de praticar por mais dois períodos – inclusive a preparação física, dividida entre musculação, corridas, escadarias e tiros na rampa. Levava os alunos comigo, sem privilégios a ninguém e, por isso, recebi do Leo Negão o apelido de General.

Fui convidado para lutar o ADCC já na segunda edição, na categoria até 88 quilos. Era o jiu-jítsu mais uma vez me levando a conhecer o mundo, agora nos Emirados Árabes Unidos e lutando outro tipo de modalidade, com certeza mais parecida do que a de 1993 na Dinamarca. Vários nomes do jiu-jítsu estavam presentes. Na minha categoria, Amaury, Renzo e Libório representando o Brasil. Infelizmente perdemos para dois *wrestlers* russos que fizeram a final.

Depois disso, Abu Dhabi virou um enorme polo de jiu-jítsu, e foi onde vivi muitas experiências.

Aos trinta anos, ainda me sentia em plena forma e a minha cabeça não parava de pensar em possibilidades para o mercado de jiu-jítsu, ainda em uma fase muito difícil com relação à sua imagem.

A arte estava desacreditada como um possível bom negócio e eu, que discordava desse entendimento, não via um caminho claro ou alguém pensando de forma mais ampla em crescer. Havia casos isolados e projetos individuais de sucesso, que normalmente eram "voos de galinha", sem impacto significativo na comunidade da luta. O mercado, embora melhor, ainda era muito pequeno e frágil, e isso me preocupava.

O Mundial de 2000 trouxe uma nova geração, enquanto os campeões do ano anterior de faixa marrom ingressavam na faixa preta. Muitos eram bem talentosos. O jiu-jítsu mudava e evoluía tecnicamente muito rápido.

Comecei o campeonato com uma luta truncada, que venci nos últimos segundos com uma raspagem. Mesmo assim, foi um início ruim.

Ganhei a segunda sem problemas e fui classificado para a semifinal. Nesse momento, após uma vitória dura contra Roberto Godoi, adversário de São Paulo, meu corpo esfriou e percebi que estava com uma fortíssima contratura muscular no trapézio.

A final transmitida pelo Sportv só aconteceria em quatro horas, mas a contratura foi piorando e optei por manter o aquecimento com massagem e pomada.

Entrei para lutar a minha quinta final de mundiais contra o Ricardo Arona, um supertalentoso atleta da academia do mestre Carlson.

Consegui uma queda que me rendeu a vantagem. Ele mudou a estratégia, me puxando para a guarda e tentando aplicar um triângulo. Porém o meu posicionamento não permitiu que o golpe fosse encaixado. Arrumei melhor e esperei com paciência que ele cansasse. Quando precisou soltar, já estava muito avançado na posição e consolidei a passagem de guarda para fazer três pontos e levar o título pela terceira vez.

Infelizmente, a Alliance não conseguiu repetir o feito como equipe. Como nos anos anteriores, quando eu venci, o grupo não conquistou o título e vice-versa. De certa forma, fui campeão todos os anos.

O Mundial se consolidou como a maior festa do jiu-jítsu e o título mais reconhecido do esporte.

Essa vitória abriu outras portas para mim, e segui sendo convidado para cada vez mais seminários. Na Finlândia, além da unidade na capital, abrimos outras em Turku, Oulu, Porvoo, Pori, Hämeenlinna, e chegamos a ter sete afiliados no país, que se tornou o nosso principal polo fora do Brasil.

Sempre que possível, eu visitava a Alemanha e algum outro país novo para tentar aumentar a nossa rede.

Durante essas semanas de seminário, ficava extremamente isolado, sem amigos e encontrando os alunos apenas na hora dos treinos – bem cedo e à noite, com raríssimas exceções. Para eles, a melhor temporada era o inverno, mas a companhia do frio não me ajudava muito. Foi uma fase importante para internacionalização da Alliance e do jiu-jítsu como um todo.

CAPÍTULO 18

Um *insight*

Em uma conversa com um aluno faixa branca dois graus, ele me contou como estava encantado com o jiu-jítsu brasileiro, que já vinha do ramo das artes marciais e era mestre de Wing Chun, uma espécie de Kung Fu que até então eu desconhecia completamente. Relatou que, embora estivesse adorando as aulas, achava a atividade muito intensa e difícil para ele, que já estava na faixa dos cinquenta anos. Nosso treino consistia em um forte aquecimento, com bastante ginástica e movimentos específicos, algumas técnicas e no mínimo 45 minutos de luta. Era muito desgastante mesmo, mas eu nunca havia parado para pensar sobre isso, e inclusive achava que era o que fazia o jiu-jítsu ser eficiente.

O papo continuou e ele quis saber quantos alunos tínhamos na Alliance, informação que eu não dispunha. Éramos apenas um time de competição. Senti um pouco de vergonha, mas falei que acreditava ser uns mil e quinhentos alunos. Ele riu, e perguntou se eu fazia ideia de quantos alunos o mestre dele de Wing Chun tinha somente na Alemanha: cinquenta mil.

Como uma luta que ninguém conhecia, que não tem eficiência reconhecida poderia ter essa quantidade enorme de alunos e o jiu-jítsu, tão pouco?

Pedi para que me levasse para assistir a uma aula em alguma academia da rede. Ele se prontificou imediatamente e marcamos para o dia seguinte uma visita.

Logo que chegamos à academia, percebi que o clima já era bem diferente do que estava acostumado. Tudo era organizado e silencioso – traços típicos da cultura japonesa. A aula começou e ele me explicou que os níveis da turma estavam separados. O programa inicial era ensinado em uma sala enquanto os mais avançados treinavam em outra. Era uma atividade bem leve em termos físicos e, até onde pude perceber, sem nenhuma eficiência real em um combate. Então, qual era o gatilho para que tantos alunos procurassem aquela modalidade?

Os praticantes pegavam uma ficha de cor diferente uns dos outros e entregavam na recepção. O meu amigo explicou, então, a forma como o programa era dividido, da faixa branca até a preta, e eles tinham total ciência do que precisavam fazer para atingir o próximo nível e continuar na caminhada para a sua graduação.

No jiu-jítsu, os alunos nunca sabiam onde estavam na jornada. Para se graduar, dependiam exclusivamente do professor que, na maioria das vezes, não tinha como saber exatamente o seu progresso. Então, tratava os diferentes de forma equiparada.

Na época, também não se priorizava a divisão de níveis; afinal, era muito mais fácil ministrar uma aula única para todos e, quem sobrevivesse, formaria o time de competição – a métrica realmente valorizada.

Agradeci a visita e fomos embora. A minha cabeça estava fervendo de ideias perante o oceano de espaço para crescer. O jiu-jítsu fazia tudo errado.

A evolução do esporte que eu amava havia corrompido a filosofia da arte de ensinar o mais fraco. Éramos um ambiente hostil para 99% da população, o que explicava o motivo pelo qual o jiu-jítsu não era um bom negócio: desenvolvemos uma arte marcial para muito poucos, e nós mesmos éramos os responsáveis por isso.

Eu discordava do grão-mestre Hélio Gracie, que criticava os campeonatos e dizia que aquilo não era o jiu-jítsu dele, mas a verdade é que ele tinha certa razão.

Não podíamos voltar no tempo. Eu precisava de um caminho que recuperasse a tradição sem perder a evolução. O esporte já era fantástico, desenvolvia novas técnicas e encantava milhares de pessoas ao redor do mundo, mas os tempos haviam mudado e a simples necessidade de defesa pessoal não parecia muito atrativa para um povo civilizado – como os finlandeses, por exemplo.

A primeira ideia estava muito clara: o iniciante precisaria estar separado para ter um primeiro contato tranquilo, longe do risco de se machucar. Com isso em mente, traçaríamos o plano de aulas desse aluno. O programa de defesa pessoal da Academia Gracie parecia adequado, mas como colocá-lo em prática numa turma heterogênea, com níveis e experiências diferentes?

Com cinco aulas, um aluno já domina uma boa quantidade de técnicas, afastando-o de um iniciante com menos aulas. Eu precisava resolver essa equação, e abracei o desafio.

Decidi começar pelo trivial: um programa de técnicas para contemplar a fase "inicial". Eu não precisava criar nada, pois lembrava do meu início e conhecia a defesa pessoal de trás para frente. Organizei as técnicas de modo que fosse possível os alunos treinarem juntos, e não mais individualmente com a ajuda do professor. Retirei algumas no primeiro momento.

Em poucas semanas, apresentei um esboço de 25 aulas, a coluna vertebral da nossa metodologia, e estava muito animado com a possibilidade disso mudar a Alliance – e por que não? – o jiu-jítsu como um todo.

CAPÍTULO 19
O "racha"

De volta ao Brasil e pronto para começar a pôr em prática as novas ideias, outra notícia veio me tirar o sono: boatos de que os proprietários do Projeto Acqua venderiam o imóvel para uma construtora, e que todos precisariam sair em breve. Assim como eu, muitos grandes profissionais eram locatários do espaço.

Reunido com Fabio Guimarães, um professor carioca de ginástica com muitos alunos, e com Kiko Frisoni, professor de Squash, decidimos nos antecipar antes que a ameaça se concretizasse. Partimos em busca de um imóvel para montar uma academia juntos, e achamos uma antiga concessionária de carros, lugar enorme que acomodaria todas as modalidades com folga.

Oferecemos a um quarto sócio, que seria o investidor, e ele adorou a ideia. Antes mesmo de tirar o projeto do papel, a venda do prédio do Projeto Acqua foi anunciada. Estávamos correndo contra o tempo.

No meio dessas dúvidas e incertezas, e ante a proximidade do Mundial, segui treinando muito bem. À época, a minha cabeça já estava muito dividida entre ser atleta e tocar meus projetos de crescer a academia e os negócios. No campeonato, venci as eliminatórias e cheguei à final com um aluno da Alliance.

Era comum – e continuaria assim por muitos anos – que o mais antigo atleta ficasse com o título. Então, fizemos uma luta para a televisão transmitir ao vivo, com um resultado certo. Conquistei o meu quarto título mundial de jiu-jítsu.

Decidi anunciar a minha aposentadoria das competições oficiais, pois estava focado em construir a minha escola e ser o melhor professor que eu pudesse.

A metodologia, que era o meu projeto principal, ainda precisaria esperar um pouco, pois a academia Olímpia, que ficava exatamente a uma quadra do Projeto Acqua, encerrara o contrato com o time de jiu-jítsu que funcionava lá. A sala estava vazia e o proprietário entrou em contato comigo.

A negociação foi rápida e simples, e fechamos um acordo bem parecido com o que eu já tinha. Sem esse peso nas costas, pude colocar o meu plano em prática.

Mudamos em fevereiro de 2002 para a sala, no térreo da academia. Eram sete metros de largura por uns 25 metros de comprimento, com espaço para um ótimo tatame na parte de frente e o escritório no fundo. Uma cortina separava a sala de aula particular.

Mudar de local é sempre delicado para uma academia, mas parecia que entraríamos em um período de tranquilidade. Os alunos do Projeto Acqua vieram sem dificuldade. Então, marquei com os faixas pretas o primeiro curso para falarmos do projeto.

Meu plano parecia simples de executar e, com a metodologia em mãos, eu só precisaria ensinar aos atletas e professores como trabalhar a metodologia. Após isso, separaríamos definitivamente as turmas em iniciantes e avançados, e solucionaríamos um dos maiores problemas do jiu-jítsu na época.

Organizei a primeira turma de metodologia e tive uma ótima adesão, com dezenas de faixas pretas no tatame querendo aprender a ensinar. Mas não seria tão fácil, porque a grande maioria não sabia técnicas básicas, nem mesmo de defesa pessoal. Logo, teriam muita dificuldade.

Reconheço que isso é consequência de uma falha minha como professor – embora eu tivesse um grande time de competição, não havia ensinado o jiu-jítsu por completo, ou mesmo os fundamentos.

Decidi implementar o programa de iniciantes em todas as aulas, mesmo as avançadas, e os competidores fariam as técnicas básicas por algum tempo. Eu ministrava pessoalmente cada uma delas, e a turma rapidamente foi se acostumando com uma nova forma de entender a arte marcial.

Tudo parecia no lugar, a academia começou a crescer em número de alunos – principalmente de iniciantes, que agora tinham sua turma exclusiva e um início de jornada muito mais confortável.

Era hora de começar a pensar em como replicar o método. O caminho é tortuoso, e eu estava mergulhando em outro momento difícil da minha carreira.

Tudo começou com um telefonema não muito usual do patrocinador, que se autointitulava líder da Nova União. Luisinho era uma figura conhecida no meio do jiu-jítsu, e tínhamos uma boa relação. Ele cuidava das questões burocráticas e políticas da equipe, mas nunca teve representatividade no esporte. Eu mesmo nunca o vi de quimono, e os líderes da NU, para mim, sempre foram o meu amigo Dedé Pederneiras e Wendell Alexander.

Na prática, o Luisinho falava em nome do time e, logo no início da conversa, levantou que o Carlos Gracie Júnior queria ser o dono do jiu-jítsu, que não dividia nada com os atletas, e que já estava mais do que na hora de pagarmos prêmios em dinheiro para os vencedores. Sua ideia era organizar um campeonato para mostrar como poderia ser feito.

Toda essa discussão com o Carlinhos começara quando o Luisinho perdeu o prazo para fazer alterações em sua equipe em campeonato recente, o que prejudicou o seu time. Era comum os times só apresentarem a lista de inscritos no último minuto para que não fossem surpreendidos por uma escalação adversária direcionada, mas ele perdeu o prazo e a federação não permitiu as alterações.

Nosso telefonema continuou de forma bastante cordial. Ele explicou suas ideias, perguntei como as colocaria em prática. Sugeri que marcasse para uma data diferente do campeonato oficial, pois não havia sentido dividir um esporte ainda tão pequeno. Isso prejudicaria a todos nós. Em outra data, as pessoas teriam chance de comparar os eventos, e o melhor se destacaria. A concorrência também seria boa para os atletas, que teriam mais uma opção de competição, e para as federações, que precisariam se desenvolver. Ele discordou, porque queria confrontar e destruir a instituição comandada pelo Carlinhos.

Expliquei que não podia apoiar um movimento que dividiria o esporte em virtude de motivação pessoal, que não tinha absolutamente nada contra ele, mas que a Alliance não compactuaria, embora ele pudesse contar conosco caso decidisse fazer um campeonato afastado do calendário oficial.

Antes de desligar, ele disse que havia conversado com vários dos nossos atletas, que eles teriam adorado e se comprometido a lutar o campeonato dele. Terminei a ligação gentilmente, pontuando que ele não deveria ter feito isso. Com os meus competidores, eu me entenderia.

Os lutadores chegaram à academia para o treino do meio-dia, que seguiu normalmente. Depois, sentamo-nos para conversar ainda no tatame.

Comentei sobre a ligação do Luisinho e, de fato, eles já estavam sabendo dos planos para um campeonato paralelo ao brasileiro de equipes – que seria realizado pela primeira vez em São Paulo –, torneio tradicional e importante do calendário. O Luisinho havia decidido fazer o campeonato dele no mesmo final de semana, no Rio de Janeiro.

Os atletas estavam animados com a possibilidade de receber um prêmio em dinheiro, mas eu expliquei o malefício de ter outra federação no esporte, que aquele movimento estava motivado por uma disputa pessoal, e provavelmente não iria muito longe.

Destaquei que não era uma briga que deveríamos comprar, mas eles – no sonho de lutar "profissionalmente" – tiveram muita dificuldade para enxergar que aquele não era o caminho, dividir o esporte nos afastaria de uma possível profissionalização verdadeira, e a situação, como tantas outras, era apenas sobre alguém com dinheiro querendo se tornar relevante no jiu-jítsu.

Reforcei que, caso o evento fosse em outra data, não teríamos nenhum problema em participar, mas ir contra a Confederação Brasileira não fazia sentido.

Muitos atletas de São Paulo se mantiveram irredutíveis, assim como alguns de Vitória e do Rio de Janeiro. A questão escalou e, de repente, tínhamos um impasse.

Como tudo na Alliance era decidido por meio de votação, convocamos os fundadores. Computando os votos dos cinco presentes, a minha posição venceu e decidimos não participar do campeonato. Mas essa confusão estava apenas começando. Os atletas não se conformaram, e procuraram o Luisinho para pedir para que o campeonato mudasse de data, ou eles não poderiam participar.

Como o principal objetivo era confrontar o campeonato da CBJJ, o Luisinho não concordou. O máximo que cedeu foi com relação ao cronograma: ao invés dos faixas pretas lutarem no domingo, foram movidos para o sábado. Com essa concessão, os atletas ligaram para o Jacaré e para o Vinicius Campelo (que não participaram da reunião) com o argumento de que a data havia mudado e que, agora, não haveria empecilhos. Os dois concordaram e a discussão foi retomada.

Os atletas insistiram que sua posição era a da maioria. Mesmo com a explicação de que os votos deles não teriam valor se todos os argumentos não fossem postos à mesa, e mesmo diante da possibilidade de ter problemas com a Alliance, eles participaram dos dois campeonatos. Perderam.

Nunca saberemos se eles teriam ganhado se tivessem acatado a decisão inicial, mas o real problema foi passar por cima da minha autoridade como professor.

A semana começou com a necessidade de colocar tudo em pratos limpos. Eu estava me sentindo traído, e chamei os envolvidos – Fernando Tererê, Demian Maia e Eduardo Telles. Sentei com os três no meu escritório e perguntei o que eles achavam daquela situação toda. Cada um levantou um argumento diferente.

Dinheiro, liberdade de escolha, rixa contra o Carlinhos e a certeza de que a CBJJ era um monopólio, o fato é que não houve consenso. Eles não estavam juntos pela mesma causa, o que só entendi anos depois quando finalmente consegui superar esse episódio.

Naquela hora, precisei mostrar que as coisas não funcionavam daquele jeito. Resisti à vontade de expulsá-los da academia para sempre – eles eram alunos queridos e eu os amava –, então propus que fossem suspensos por noventa dias. Eles aceitaram de imediato, talvez porque esperassem punição bem maior.

Porém o período de suspensão coincidiria com o Mundial e entrei em outro impasse: na minha cabeça, eles estavam fora. Na deles, não. O problema estava longe do fim.

Durante esses três meses, o clima ficou ruim e um movimento começou a emergir dos atletas contra a minha posição, inclusive algumas histórias sobre a reaproximação do Leo Vieira, que não frequentava a academia há bastante tempo. Os rumores foram aumentando e pude sentir a panela de pressão prestes a explodir. A minha liderança estava sendo colocada em xeque, o meu time estava se voltando contra mim e eu não tinha ideia de como reverter.

Chegou a data do campeonato Mundial, e a nova confederação, CBJJO, marcou o seu próprio campeonato para o mesmo dia. Os três alunos estavam suspensos e não poderiam lutar em nenhum dos dois.

Informei a eles que, se fossem contra a proibição mais uma vez, não me restaria outro caminho a não ser removê-los do time. Mesmo que a minha fala fosse dirigida apenas àqueles três, quase todos os atletas se solidarizaram e se posicionaram novamente contra mim.

Ali, vi-me encurralado: ou permitia que eles participassem e perdia minha autoridade, ou o time se dividia. Por mais dolorido que fosse, a primeira opção era impensável. O time se rompeu.

O Mundial perdeu totalmente a importância diante do cenário que se desenhava para a nossa equipe. Enfim, o Luisinho parecia ter conseguido seu objetivo: dividira o esporte e criara um concorrente para o Mundial da IBJJF, que se esvaziou.

A Alliance não subiu ao pódio pela primeira vez na história, e nem eu, aposentado das competições.

Por muitas vezes, senti-me sozinho e totalmente desamparado, mas tinha consciência de que estava ao lado da verdade. A narrativa construída pelos atletas era baseada em uma história mentirosa – de que eu havia dito que, se não houvesse conflito de horário, eles poderiam participar dos dois.

Mas o meu ponto era claro desde o início: eu não apoiaria uma medida que dividisse o esporte por um motivo estritamente pessoal, afinal mudança de horário não era mudança de data, e não se luta um campeonato de manhã e outro à tarde.

Fui procurado por muitos "líderes" que, a despeito de apoiá-los abertamente, confessaram só insistirem no assunto porque não abandonariam os companheiros.

Por um instante, cheguei a cogitar abandonar a Alliance. Seria o fim de nossa equipe e eu teria de começar sozinho de novo – ou com quem quisesse estar ao meu lado.

Mas o elo que tenho com o meu mestre não seria quebrado assim. Eu não destilaria o mesmo veneno daqueles que criticava, mesmo em um momento de dificuldade, independentemente dele se posicionar, ou não, a meu favor. Por pior que eu me sentisse, afastar-me do Jacaré nunca foi uma possibilidade.

Entretanto, o Jacaré também era professor direto de vários que agora estavam de um lado oposto ao meu. E ele, fora do Brasil e distante dos acontecimentos, preferiu esperar. Ficou onde estava e não tomou partido.

Mesmo sem ser o que eu esperava ou desejava, enxerguei uma possibilidade de sucesso, uma luz no fim do túnel. O tempo jogaria a meu favor.

Segui fazendo meu trabalho e cuidando da minha academia, deixando que as coisas tomassem seu rumo. As brigas entre os dissidentes começaram a ocorrer, inclusive quanto à falta de um posicionamento claro do Jacaré.

Certo dia, um dos integrantes do grupo dissidente enviou um e-mail desaforado para o mestre, acusando-o de estar "em cima do muro", dizendo que ele precisava decidir entre todo o grupo ou eu. Tentaram, no auge da arrogância que habita a mente dos ignorantes, pressioná-lo a fazer a vontade deles. Surtiu o efeito contrário e o Jacaré, que certamente já enxergava com mais clareza tudo que acontecia, comunicou que a Alliance era a única equipe a qual ele era ligado.

Nesse ponto, eu já sabia que isso era uma questão de tempo, mas não posso negar que fiquei feliz e aliviado em poder contar com o Jacaré para o futuro.

O ano de 2003 seguiu de forma pesada e triste. Foi difícil acreditar que a nossa equipe havia se dividido de maneira tão drástica e inesperada. O misto de revolta, decepção e medo do meu projeto de vida estar fadado ao fracasso descia amargo pela garganta.

O time de competição foi praticamente todo embora, restando os atletas da minha academia e quase toda a turma do Rio de Janeiro e de Vitória, nossos principais polos. Desses, alguns receberam ligações e convites para deixar a nossa academia. Poucos aceitaram.

CAPÍTULO 20
Marcelinho brilha

A academia ficou em um clima ruim, sem energia, e com poucos alunos. Nosso time se resumiu ao Marcelo Garcia, que ainda não era faixa preta – embora fosse reconhecido como um talento, já que vencera campeonatos nas graduações anteriores.

O grupo que deixou a Alliance tentou de tudo para levá-lo, mas ele resistiu, dizendo que havia se mudado para São Paulo para treinar comigo e não pretendia mudar os planos. O atleta decidiu ficar, e esse gesto teve grande importância para a nossa história. O Marcelo foi muito além de ser um dos mais dedicados e disciplinados alunos que já tive: ele me resgatou da tristeza pela ingratidão que eu sentia.

Entendi que havia alguém a quem eu poderia ajudar, alguém que não merecia qualquer amargura de minha parte. Voltei rapidamente a me dedicar aos treinos e fomos construindo vitórias juntos. Marcelinho era o exemplo de todos na academia e nosso time timidamente começou a crescer.

Recebemos um convite para lutar um evento em Campos dos Goytacazes, no interior do Rio de Janeiro, mas ele não se animou muito. Incentivei, pois sabia que teriam grandes nomes e, embora a logística fosse péssima, ele foi.

Foi um torneio sem quimono, modalidade que ele ainda não tinha muita experiência, pois havia começado a treinar conosco em São Paulo já de faixa marrom. Não muito tempo antes, a Tati, minha aluna e namorada dele à época (hoje esposa, mãe de seus filhos e faixa preta), o trouxe para uma aula sem quimono no Projeto Acqua.

Ele se tornou o grande campeão e protagonista de um torneio duríssimo repleto de estrelas. O título abriu a oportunidade para participar da seletiva do ADCC no Rio.

Mais uma vez o Marcelinho foi a sensação do campeonato, finalizando todas as lutas até encarar um embate travado e frustrante. Perdemos a única vaga para Daniel Moraes. Como sempre, na derrota ou na vitória, a nossa vida seguiu normalmente na semana seguinte.

Meses depois, o evento oficial do ADCC foi realizado em São Paulo. Sem atleta na disputa, marquei uma palestra para uma empresa na Bahia.

Na quinta-feira à noite, o organizador da seletiva, Marcello Tetel, me ligou para saber se o Marcelinho estaria na pesagem no dia seguinte, porque um americano não conseguira embarcar e tinha vaga. Sem pestanejar, entrei em contato com o Marcelinho: "Pega o tênis e vai pra academia que você vai lutar o ADCC!".

Ele nem questionou, mas chegou quase 3 quilos acima do peso. Praticou corrida e desidratação para bater os 77 quilos oficiais e, na manhã seguinte, estávamos dentro do ADCC.

Da Bahia, acompanhei pelo telefone as duas vitórias do Marcelinho naquele dia – Shaolin e Renzo Gracie. Nunca quis tanto estar em um lugar e, assim, voltei para o Rio de Janeiro no domingo cedo e fui assistir às finais.

Ele consagrou-se na sua categoria e, como o que sempre o diferenciou dos demais foi a insistência, também se inscreveu no absoluto e chegou às semifinais, sendo parado apenas pelo Pé de Pano.

O mundo enxergou aquele menino tímido e extremamente talentoso. Ali, começou uma das carreiras mais vitoriosas do jiu-jítsu e uma nova era no entendimento de como lutar sem quimono. Marcelinho revolucionou a guarda de gancho[35] e a guarda X[36], criou a guarda *one leg* X[37], o *seatbelt* nas costas[38] dentre tantas outras técnicas.

Tivemos juntos momentos indescritíveis de alegria e sucesso. Experimentei uma conexão que nunca tive com nenhum aluno, e cada vitória foi motivo de muito orgulho e comemoração. Tivemos derrotas doídas também, mas firmamos uma relação de construção.

Sou extremamente grato pela confiança que o Marcelo Garcia depositou no meu trabalho, e pela generosidade para compreender quanto eu precisava daquele suporte.

Sua simpatia e competência o levaram longe e, onde quer que esteja, o meu coração o acompanha. A Alliance definitivamente só é o que é hoje porque teve Marcelo Garcia naquele momento.

A história que ficou conhecida como "racha da Alliance" me ensinou lições importantes, embora não tenham sido assimiladas de imediato. A princípio, tudo foi muito dolorido, mas o tempo me ajudou a transformar os sentimentos ruins que tive na época em coisas positivas. Hoje, agradeço o que aprendi.

Já tratamos da tendência que temos de categorizar as coisas como boas ou ruins à medida que vão acontecendo em nossas vidas, quase sempre baseados no momento e no impacto que têm. Por exemplo, eu queria ter a melhor equipe e a melhor escola de jiu-jítsu. Quando perdi alguns dos meus principais alunos e atletas, enxerguei o acontecido como um evento muito negativo.

Com o tempo, percebi todo o ocorrido possibilitou que eu organizasse a minha escola através do método que criei de uma forma mais suave, com menos resistência. Pelo fato daqueles atletas saírem que tive a oportunidade de construir e fortalecer relações, como no caso do Marcelinho.

---

35. Técnica na qual o lutador que está de costas no chão utiliza um ou os dois pés por dentro das pernas do oponente à sua frente
36. Trata-se de uma variação da guarda de gancho, na qual se cruza as pernas em formato de X.
37. Variação da guarda X.
38. É um domínio utilizando os braços em volta do tronco do adversário com o objetivo de se manter grudado às costas dele.

Sempre que algo acontece temos a possibilidade de descobrir um novo caminho que ainda não havíamos pensado. O filósofo e imperador romano Marco Aurélio, em *Meditações*, disse: "O obstáculo é o caminho, o que impede a ação avança a ação, o que se coloca no caminho se torna o caminho".

Para que isso se torne realidade e possamos extrair o melhor de todas as situações, independente de parecerem boas ou ruins, devemos olhar para dentro, assumir a nossa culpa por termos nos colocado naquela posição. No final do dia, somos nós que permitimos as pessoas nos decepcionarem.

Esse evento me transformou e tornou-me uma pessoa muito melhor, enxerguei as razões para que tudo tivesse acontecido como aconteceu, e reconheci uma parcela de culpa naquele desfecho.

O jiu-jítsu era muito pequeno naquela época, e as possibilidades não eram muitas. Quem estava hierarquicamente abaixo costumava sentir que as oportunidades nunca chegariam, e isso talvez os tivesse motivado a fazer o que fizeram.

O meu pensamento estava focado, a partir daquele momento, em criar situações para que as pessoas queiram ficar comigo e construir algo maior. Entendi que os nossos sonhos e planos precisam ser compartilhados de forma que os outros possam decidir se gostariam de fazer parte.

O receio de compartilhar os nossos planos – por medo de que roubem a nossa ideia, por insegurança de que não possamos cumpri-los – é comum. Dividi-los com alguém não garante nada, mas inspira o interlocutor a abraçar como seu o nosso projeto.

Outro aprendizado dessa fase, e que também só entendi anos depois, foi com relação à gratidão, um dos sentimentos humanos mais nobres e bonitos. Ser grato às pessoas que ajudaram no seu caminho é, sem dúvida, o correto a se fazer. Verbalizar, escrever, contar e enaltecer essas pessoas também é uma atitude virtuosa: mostra a humildade, o reconhecimento de que ninguém consegue fazer nada sozinho, sempre temos ajuda ao longo do caminho e precisamos, sim, valorizar as pessoas que nos estenderam a mão.

O caminho inverso, todavia, é perigoso. Esperarmos gratidão das pessoas a quem ajudamos não faz sentido. Primeiro, porque a nossa avaliação de ajuda pode ser – e provavelmente será – diferente daquele que é ajudado. Depois, devemos fazer o bem às pessoas porque isso nos enriquece, nos acrescenta. É como devemos entender o mundo, como agentes de melhoria das vidas ao nosso redor. Quando faço o bem a alguém, faço-o a mim mesmo.

O resultado dessa prática é fazermos o bem todos os dias, em uma escala muito maior do que conseguiria quem o faz apenas nas horas vagas. O pensamento altruísta é substituído por uma visão mais egoísta e, claro, devemos rever a ideia de que o egoísmo está sempre atrelado a algo negativo. Querer o seu próprio bem é natural, e não significa deixar de ajudar os outros, muito pelo contrário.

Decidi agregar mais pessoas ao meu sonho, tornando o jiu-jítsu também o sonho delas de forma a remar juntos na mesma direção, e entendo que comecei de fato a ajudar mais gente.

Os anos que se seguiram foram de muito trabalho para implementar e difundir a nova sistematização por todo o grupo. A Alliance era grande, pois já nasceu assim, mas extremamente desorganizada. Mesmo tendo perdido vários atletas renomados, isso teve um impacto pequeno no número de escolas, em sua maioria de não-competidores, e eu tinha a consciência de que a metodologia era o nosso produto. Precisávamos nos empenhar para divulgá-la e desenvolvê-la.

O futuro de uma relação profissional entre a Associação Alliance e seus filiados dependia de transformação, de mudança da posição hierárquica da arte marcial para uma saudável relação comercial. Precisávamos ter a obrigação de prover uma estrutura que justificasse o preço cobrado, e trouxesse valor para quem recebia o suporte. Estávamos longe disso ainda, mas a metodologia chegou para ser a espinha dorsal desse movimento.

Desde a fundação, em 1993, as escolas filiadas apenas pagavam uma taxa mensal para ajudar na organização básica da Alliance. Esse modelo evoluiu muito pouco, tanto nos valores como na forma como essa relação era construída. Não tínhamos margem para investir em pessoas ou serviços.

Dedicado à minha própria academia, intensifiquei as aulas particulares, chegando a ministrar de dez a doze treinos ao dia por um bom tempo – começando às 7 horas da manhã, com um breve intervalo para organizar as coisas de escritório, pagar contas, responder e-mails, fazer ligações.

No treino de competição, trabalhava com a turma até às 14 horas, quando ia almoçar. Voltava às 16h30min para mais aulas particulares até às 18 horas. Depois, mais três coletivas.

Essa rotina foi adotada por quase uma década, quando provei, sem deixar dúvidas, que a metodologia bem aplicada funcionava. Meu número de alunos se multiplicou nesse tempo. Foi um momento de muito foco na academia, e me trouxe alguma segurança financeira.

Cada vez mais, a vontade de me dedicar aumentou.

Minha decisão de parar de competir dois anos antes tinha sido consciente. O meu corpo estava carregado de lesões, o que não era uma exclusividade minha tanto quanto uma unanimidade em todos os atletas de todos os esportes que buscam a alta performance. E eu poderia ter seguido competindo se essa fosse a única razão.

A necessidade de construir um futuro através do jiu-jítsu era a minha prioridade, e senti que estava ficando tarde. Aos trinta e dois anos, com o foco em uma academia de sucesso, visualizei os possíveis caminhos para onde o jiu-jítsu poderia me levar. Tracei um plano claro de transição natural, no qual eu me dediquei a crescer como professor.

Um novo desafio apareceu à minha frente quando o diretor da rede de afiliadas da TV Globo decidiu realizar um evento que se chamaria "Percepção e Liderança", e me convidou para coordenar as atividades voltadas para o jiu-jítsu. Eu pesquisei tudo o que pude para encontrar material relacionando os conceitos da arte marcial ao mundo empresarial. Achei apenas um livro de Judô, que me deu um norte para me preparar antes da reunião. A ideia era montar uma atividade de quatro horas para um grupo de aproximadamente cem pessoas. Se hoje seria desafiador, naquela época eu não sabia nem por onde começar.

Entendi que era uma grande oportunidade para o jiu-jítsu chegar a outro público e para mim, profissionalmente, poderia também ser um caminho. Aceitei, mas expliquei que nunca havia feito um trabalho como aquele, e me dedicaria a montar algo de valor para o evento.

Dividi as atividades em um seminário, separei dez técnicas básicas – entre defesas e ataques, todas de alguma forma conectadas –, as quais fizeram com que meus alunos entendessem a dinâmica com facilidade. O contato constante com a metodologia me ajudou a não sentir tanta dificuldade para criar essa sequência.

Depois, propus alguns jogos, desde revezamentos até respostas mais específicas, e os dividi em grupos. A turma engajou-se e conseguimos atingir um dos objetivos do evento – fazer com que diferentes áreas, como engenharia e jornalismo, se ajudassem mutuamente. No final, palestrei sobre os conceitos que havíamos tratado nas atividades – espírito de equipe, fazer o melhor, respeitar as regras, etc. Foi um sucesso e repetimos mais três vezes esse evento em Foz do Iguaçu.

Comecei a pensar em como fazer disso um novo produto. Eu poderia levar o jiu-jítsu para mais pessoas sem que elas necessariamente precisassem ir à academia. Mesmo sem ganhar o aluno, certamente mudaria a opinião de muitos sobre o jiu-jítsu, que ainda sofria bastante com a imagem deturpada de gangues de rua e brigões em geral.

Fiz alguns eventos corporativos, mas acabei voltando a minha atenção para a academia e a equipe de competição. O processo era longo. Afinal, não se constrói um time bom de um dia para o outro.

Naquele momento, o Marcelinho já recebia muito destaque e mais alunos, inspirados por ele e vendo que era possível, passaram a se dedicar bastante aos treinos.

Aos poucos, os campeonatos foram deixando de me fazer tão mal quanto logo após o "racha". Nunca deixei de frequentar e estive em todos os mundiais desde a sua criação, mas não experimentei o prazer verdadeiro de comparecer nos anos de 2003 a 2006.

Para encontrar a luz, muitas vezes basta seguir caminhando, fazendo o possível no momento. E foi o que fiz. Por mais desconfortável que fosse não ser protagonista durante aqueles anos, eu estive presente. Isso fez diferença.

Quando o Mundial de 2006 se aproximou, o processo de formação do nosso time foi acelerado. Não tínhamos uma grande equipe, mas as faixas coloridas traziam algum resultado e o clima nos campeonatos era melhor.

Um talento que poderia nos ajudar a transformar mais uma vez a nossa história chamou a minha atenção no tatame naquele ano. A categoria pena foi disputada entre o favorito, Márcio Feitosa, e o estreante em finais, Rubens Charles, que defendia a Telles e Tererê (TT).

Perguntei ao Elan Santiago, durante a final, quem era o lutador "matando" o Feitosa. "É o Cobrinha", respondeu ele.

"Dê os meus parabéns a ele. jiu-jítsu refinado", foi o meu comentário.

Na sequência, ele me contou que o Tererê, seu primo, não estava bem. Que não conseguia sequer estar na academia e dar aulas. O Elan acreditava que o Cobrinha precisava de uma oportunidade.

***

O ano de 2007 foi marcado por mudanças, e dois personagens tiveram grande destaque. Nossas academias estavam melhorando em todos os aspectos. Entregávamos um jiu-jítsu de melhor qualidade aos nossos alunos e, embora ainda enfrentássemos resistência por parte de alguns membros, continuamos evoluindo.

O aperfeiçoamento é um processo lento, mas a separação indesejada causada pela divisão anterior nos ajudou a solidificar a implementação do método com menos contestações.

Tudo ia bem, mas a nossa equipe, apesar de mostrar sinais de melhora, ainda não recuperara toda a sua força. Para completar, teríamos que lidar com uma grande baixa.

O Marcelinho, que nessa época estava começando a viajar bastante para seminários e lutas, recebeu uma proposta nos EUA. Perdê-lo naquele momento foi como tirar uma peça fundamental da equipe; ele era a nossa principal referência. No entanto, não permitir que ele fosse poderia ser mais custoso a longo prazo.

A equipe estava se tornando bem descentralizada, com campeões vindos de diferentes lugares – Finlândia, Nova York, Atlanta, São Paulo e Rio de Janeiro. Essa diversidade foi crucial para o sucesso do time Alliance.

Como a proposta do Marcelinho era para se juntar à nossa filial em Nova York, de certa forma, fortaleceria nosso time lá.

Não foi fácil vê-lo partir, mas, depois de cumprir a missão de manter o nome da nossa escola viva, deixou uma marca duradoura em todos os alunos que compartilharam o tatame com ele ao longo daqueles quase cinco anos.

No meio desse processo, recebi uma ligação do Cobrinha. Marcamos uma visita e, quando ele chegou à academia, sequer desconfiei que estava diante daquele que é um dos principais nomes da história da nossa equipe. Quando perguntei o que o levara até mim, ele respondeu que precisava de um professor.

Ao longo dos anos, recebi muitos atletas que queriam se juntar a um time campeão, buscando aproveitar o sucesso. Essa visão muitas vezes demonstra fraqueza ou falta de confiança em si mesmos, como se desejassem que alguém fizesse por eles o que é necessário para se tornarem campeões.

Eu prefiro a abordagem do Cobrinha, que demonstra uma escolha de vida em vez de uma busca por oportunidade.

Continuamos a conversa, e ele me contou que era aluno do Tererê e não pretendia deixar a sua academia. No entanto, o professor estava doente e o Cobrinha estava preocupado em perder o *timing* para o auge de sua carreira. Foi uma sugestão do próprio Tererê, segundo ele, o que me deixou muito contente e surpreso.

Embora fôssemos adversários em competições, eu e Tererê tínhamos uma conexão genuína e um carinho mútuo. Receber essa indicação foi uma prova disso. Ele estava me enviando seu principal atleta que, a partir daquele momento, seria meu.

Naquele mesmo dia, não foi difícil perceber que tinha um talento diferenciado em mãos. Sua forma de treinar contagiava a todos.

Ganhamos intensidade e marcamos o início de uma nova fase para nós. Com pequenos detalhes para ajustar no seu jogo, ele treinou incansavelmente, aprimorando ainda mais as técnicas.

Esse processo trouxe um novo método para a nossa escola, com a introdução dos *drills* influenciados pelo Cobrinha. A perfeição nos movimentos e o comprometimento excepcional com o treinamento começaram a fazer a diferença, e as competições se tornaram uma vitrine, o que já sabíamos que aconteceria.

O nível geral estava crescendo, e a dominação tranquila na categoria pena tornou-se confortável o suficiente para desafiá-lo a competir no peso aberto. Com diversos campeonatos e resultados impressionantes para um peso-pena, os anos seguintes apenas confirmaram o que eu já havia percebido: um dos maiores nomes da história do esporte fazia parte da nossa equipe.

Cobrinha possuía todas as qualidades que um professor poderia desejar em um aluno: extremo talento, dedicação inabalável, lealdade, coragem e incansável determinação.

Ele ingressou na academia com a declaração de que estava ali por si, sem falar em nome de ninguém ou representar um grupo específico. No entanto, a sua chegada abriu portas para outros atletas.

Embora o Cobrinha tenha conquistado o Mundial de 2007, a Alliance ficou em segundo lugar. Voltamos à corrida pelo título.

CAPÍTULO 21
Uma joia na minha vida

Minha academia diminuiu de tamanho em 2005 e 2006, quando passei a dividir a sala com o Boxe para reduzir o custo do aluguel. Foram anos difíceis e, como sempre, de muito trabalho. Consegui arcar com os custos do meu sustento graças às aulas particulares.

Aos poucos, fomos nos recuperando e, com o desenvolvimento da equipe de competição, acabamos retomando o espaço inteiro. Não tive problemas em negociar com a academia, que até ficou feliz.

Aos trinta e seis anos, com tudo de volta ao normal, algum dinheiro guardado e uma renda confortável, senti que estava na hora de ter o meu próprio apartamento e parar de pagar aluguel. Então, quando passei em frente um empreendimento imobiliário no bairro do Brooklin, em São Paulo, parei para conhecê-lo. Era mais do que eu tinha guardado e, mesmo tendo de financiar boa parte, decidi arriscar.

Dedicação, estudo, treino e insistência são palavras recorrentes, e o jiu-jítsu, de fato, estava me proporcionando uma vida boa.

Com o imóvel comprado, era hora de mobiliar. Para isso, procurei Marcus Ferreira, um amigo com quem trocava aulas particulares e que se tornou um dos profissionais da área no

Brasil – fundador da Decameron e Carbono –, e pedi indicação de um arquiteto. Carolina Rocco foi o nome que recebi.

Cheguei ao escritório dela no bairro dos Jardins e, assim que ela abriu a porta, notei o quanto era bonita. Conversamos sobre o meu apartamento, ela deu algumas ideias e eu fiquei cada vez mais encantado com seu charme, sua educação e sua competência. As reuniões que marcamos para discutir as ideias depois disso passaram a ser as melhores horas do meu dia.

Logo na primeira visita à obra, entretanto, ela percebeu que o apartamento que nos mostraram era diferente do que eu havia comprado. Dias depois, descobri que a corretora havia cometido um erro e, com todos os imóveis vendidos, nada mais havia a ser feito além do distrato.

Para não perder o contato com uma mulher que era tudo o que eu sempre quis, com o dinheiro devolvido e a academia precisando de uma reforma, aproveitei o ensejo. Tivemos muitas outras reuniões. E, enfim, começamos a namorar.

Foi uma nova injeção de felicidade para mim. A academia começou a multiplicar o número de alunos, a equipe de competição era vitoriosa em muitos títulos e a minha vida pessoal estava exatamente onde eu tinha sonhado.

Dezessete anos se passaram, e nosso relacionamento prosperou, hoje temos um casamento delicioso, verdadeiro, amoroso e que se mantem em absoluto desenvolvimento.

Quando nos conhecemos Carolina já tinha 2 filhos, Renan com 16 e Luiza com 7, ter filhos não estava exatamente em nossos planos, ainda que isso pudesse se tornar uma questão no futuro, no entanto eu fui tendo a experiência de conviver com aquela menina doce e divertida, fui, sem perceber, me apaixonando completamente por ela à medida que a descobria mais e mais.

Luiza me permitiu construir uma relação tão verdadeira e amorosa que hoje tenho preenchida a lacuna de ser pai.

Renan depois de uns anos de menos convívio se tornou um amigo e companheiro de surf. Nossa família é completa, feliz e a coisa mais importante da minha vida.

CAPÍTULO 22
De volta ao topo

No embalo do nosso bom resultado, mais atletas foram atraídos para a nossa academia e os professores das escolas Alliance pelo mundo estavam motivados. O plano de levar o nosso time de volta ao topo do pódio em dez anos estava prestes a se realizar bem antes desse tempo.

Com uma equipe coesa, completa e cheia de talentos, minha dedicação era quase total, e eu seguia dando de dez a doze aulas todos os dias. Quando a turma de competição chegava, eu já estava pronto para treinar com todos e liderar pelo exemplo. O grupo cresceu e melhorou.

Vencemos, pela primeira vez, o Pan Americano. Poucos meses depois, o Mundial aconteceu pela segunda vez na pirâmide da Universidade de Long Beach, na Califórnia. Foram quatro dias de evento com os melhores do mundo se enfrentando em quarenta categorias divididas em quatro faixas: azul, roxa, marrom e preta.

No final da contagem – cada campeão marcou nove pontos para a equipe; cada vice-campeão, três; e o terceiro colocado, um – saímos vitoriosos pela terceira vez, dez anos após o nosso primeiro título, depois de ficar fora do pódio de 2002 a 2007.

Experimentei uma sensação inigualável, que não senti nem quando fui campeão individual: a volta por cima, a prova de que eu estava certo no que acreditava, de que ter trabalhado para o bem da equipe tinha valido a pena. Realizado, embora ainda muito longe do meu sonho para a Alliance.

Aquele título foi muito importante, mas apenas mais um *milestone* em nossa caminhada – ou pelo menos assim eu desejava.

Recebemos os parabéns das Gracie de Humaitá e da Barra. Um de seus integrantes, todavia, me disse em tom sarcástico: "Vocês estão realmente em uma fase boa. Aproveitem".

De fato, entráramos em um momento bom, com um time muito completo em todas as faixas, mas não cometeríamos os mesmos erros do passado: cuidaríamos dos nossos campeões de forma diferente, criaríamos oportunidades para que eles estivessem felizes ao nosso lado e, acima de tudo, eu não relaxaria. O meu plano estava apenas começando.

A frase de autoria desconhecida "é difícil ser campeão, mas é muito mais difícil se manter campeão" é uma grande verdade. Como já disse antes, quando a vitória é o desejo e objetivo último, costumamos nos prender a apenas dois resultados: a não-conquista que frustra, e a conquista que relaxa.

No meu caso como atleta e como treinador, vencendo ou perdendo, nunca relaxei. Ganhar é parte de um processo muito maior. O título, por mais importante que seja, não define nada. Sempre trabalhei duro para a construção de um legado, quero fazer o máximo que puder no jiu-jítsu e para o jiu-jítsu. Nenhuma conquista me sacia e nenhuma derrota me desanima, porque quem vence sabe o caminho. Sigo treinando.

Então, quando ouvi aquela frase debochada do lutador, pensei comigo, embora não tenha verbalizado: "você não tem ideia do que eu vou construir para que essa fase perdure até a Alliance ficar marcada para sempre na história do esporte".

Aquele título não era mais o meu objetivo: eu correria atrás para sermos o maior vencedor de mundiais da história. Decidi que essa seria a minha fase.

Começamos 2009 embalados pelo título mundial e com novos desafios. O primeiro foi o Europeu em Lisboa, o qual vencemos pela primeira vez. Seguimos para o Pan em busca do bicampeonato, porém não conseguimos e ficamos em terceiro. Vencemos o Brasileiro e o Mundial, passando a tetracampeões mundiais. O meu foco, naquele momento, era superar a Gracie Barra, com sete títulos.

Nessa época, já tínhamos em nosso quadro alguns atletas de ponta: Bruno Malfacine, Bernardo Faria, Cobrinha, Michael Langhi, Marcelinho Garcia, Tarsis Humphreys, Sérgio Moraes, Leonardo Nogueira, Gabriel Goulart, Antônio Peinado, Henrique Rezende, entre outros.

Minha rotina seguiu intensa, com muitas aulas particulares, treino de competição e ensinando aos alunos através da metodologia. A academia cresceu exponencialmente, tudo ia muito bem e eu estava feliz.

Em 2010, o primeiro desafio foi o Campeonato Europeu. Eu fizera quarenta anos poucos dias antes e vinha competindo entre os masters, mantendo o ritmo e me divertindo com o que eu mais gostava. Fiz uma carreira vitoriosa na categoria, perdendo apenas uma luta em sete anos.

Lutar no adulto é completamente diferente. As técnicas, o ritmo, a força e a pressão psicológica são incomparáveis. Como eu treinava todos os dias com os melhores, certamente não teria outro momento para me testar. Cada ano ficou mais difícil, mas eu estava em paz em todos os aspectos da vida.

Sair da zona de conforto sempre foi algo que entendi como necessário para realizar coisas extraordinárias. Fiz a minha inscrição no Europeu na categoria adulto, e fiquei ao lado do meu time, muito animado de poder viver aquilo na categoria pesado faixa preta. Naquele ano, o meu aluno Bernardo Faria era a minha dupla na categoria.

Venci a primeira luta por uma boa margem de pontos. Na semifinal, enfrentei um finlandês que fora nosso aluno lá e que, agora, era um dos principais atletas da Europa. Derrubei e consegui finalizá-lo em uma chave de perna por volta dos quatro minutos de luta.

Na final, para a minha alegria, eu enfrentaria o aluno que vencera o outro lado da chave. Bernardo, em um gesto de muita humildade e generosidade, me cedeu a vitória sem que precisássemos lutar. Reconheço que, embora estivesse muito bem, teria poucas chances de vencê-lo. Ele foi campeão mundial meses depois.

Com esse título, me tornei o mais velho campeão de um torneio de *Grand Slam*[39] da IBJJF na faixa preta adulto, marca que se mantém até hoje.

Nosso time parecia imbatível, mas ainda não havíamos conquistado todos os campeonatos em um mesmo ano – e esse passou a ser o desafio para o time.

Fizemos uma aposta: a maioria dos nossos atletas tinha tatuagem – alguns até demais na minha opinião –, mas eu nunca havia feito nenhuma. A chance de fazer era muito baixa. Eles me desafiaram: se vencessem o Europeu, o Pan, o Brasileiro e o Mundial naquele ano, eu tatuaria o nosso símbolo bem grande na região da costela.

Como já havíamos vencido o Europeu, só faltavam os outros três. Levamos tudo e hoje ostento, com muito orgulho, a nossa águia em minha pele. Nenhuma equipe jamais conseguiu esse feito. Nós o repetimos outras três vezes.

Desde 2005, eu morava em uma boa casa no Morumbi de aluguel. Naquele ano, a proprietária me comunicou que queria vendê-la. Eu já adorava o lugar e ponderei sobre a oportunidade. Após a negociação, consegui um financiamento em quarenta meses. As parcelas eram altas, mas a academia estava sólida e dava para pagar se eu reduzisse um pouco os gastos. Assim como os tantos títulos que acumulei ao longo da carreira como lutador e professor, as vitórias na minha vida pessoal devem ser, em grande parte, atribuídas ao jiu-jítsu.

***

Todo final de temporada era um momento de relaxamento e preparo para a nossa equipe. As viagens e seminários movimentavam bastante a vida de nossos atletas, embora eu

---

39. Refere-se aos quatro principais torneios: Europeu, Panamericano, Brasileiro e Mundial.

mesmo estivesse mais dedicado à escola. Recebi a notícia de que a academia onde estávamos localizados havia sido vendida para o grupo *Bodytech*, e soube que seria o fim do modelo que eu tinha até então – aluguel cobrado com base no faturamento. Com a nova administração, isso seria impossível, mesmo que eles tenham tentado me tranquilizar nesse aspecto.

Logo no dia seguinte comecei a procurar imóveis na região para me mudar e, mais uma vez, fui forçado a sair da zona de conforto. Para deixar a inércia, ou forçamo-nos ou somos forçados. Não existe estabilidade; precisamos buscar o crescimento constante e, para isso, correr riscos. Se não fizermos, o mundo fará por nós – e isso é sempre mais difícil, pois não permite preparo para a mudança.

Encontrei, então, um imóvel a duas quadras de distância da academia onde eu estava: 650 metros quadrados, um espaço grande para os padrões de academias de jiu-jítsu da época, mas bem condizente com o *headquarter* da melhor equipe do mundo.

Certo de que esse seria mais um passo ousado e necessário, aluguei e investi na reforma ao mesmo tempo em que a minha própria casa ficava pronta. Com o caixa baixo e as despesas altas – passaríamos a pagar por tudo, desde a manutenção e limpeza até as contas de luz, gás e telefone – entrei em um período de bastante economia.

Inauguramos a Alliance São Paulo em dezembro de 2010, uma academia linda, ampla e com três salas de aula: uma de 210 metros quadrados, outra exclusiva para aulas particulares com 30 metros quadrados e mais uma de preparação física com 40 metros quadrados. Voltamos ao tempo em que tínhamos um lugar exclusivamente dedicado ao jiu-jítsu.

O primeiro mês foi complicado e fechamos no vermelho. Embora todos os alunos tenham me seguido, os custos excederam a receita – não muito, mas o suficiente para chamar a minha atenção.

Se eu quisesse ter sucesso, precisaria de alguém que entendesse da gestão desse tipo de negócio. Não se tratava apenas de coletar mensalidades e pagar a hora-aula dos professores. A administração de uma academia envolve muitas outras questões que eu simplesmente não dominava.

Lembrei de um amigo que, muitos anos antes, havia contratado os meus serviços para ministrar aulas em uma de suas instalações. Luís Amoroso tinha vendido tudo e se dedicava à consultoria na área do mercado *fitness*. Então, quis juntar esse conhecimento com a metodologia de jiu-jítsu que desenvolvi porque acreditava que seria uma mistura de muito sucesso. Ele topou e firmamos essa parceria por alguns anos.

Passei a gerir o negócio de forma muito mais profissional, olhando indicadores, cuidando da retenção de alunos, dos índices de conversão das vendas etc., e isso foi nos ajudando a bater recordes.

Uma das primeiras medidas que ele me fez tomar foi desativar a sala de preparação física, subutilizada pelos atletas e ociosa na maior parte do tempo. O espaço virou tatame e passamos a oferecer mais horários, principalmente para os iniciantes.

Rompemos a barreira dos 350 alunos e, de repente, estagnamos. Tentamos campanhas de marketing, panfletagens, campanhas internas, mas nada funcionou. O Luís havia me ensinado tudo que podia até aquele momento, e eu precisava de mais se quisesse realmente alavancar aquele modelo de sucesso.

Sempre entendi que o mercado *fitness* estava anos à frente do jiu-jítsu e vinha procurando soluções ali para aplicar ao meu. Navegando pela internet, cruzei com um post no Facebook que dizia "Academia cheia o ano todo", um evento liderado por Junior Crocco, profissional de marketing digital dedicado exclusivamente ao ramo.

Muito se falou de formas de trazer novos clientes e das tendências, como o marketing digital tinha poder de revolucionar a maneira como todos conquistavam alunos. Eu prestei atenção, mas achei muito difícil aplicar ao jiu-jítsu.

A contratação de um *software* de gestão foi um diferencial. O EVO, produto da empresa de tecnologia W12, uma das patrocinadoras do evento ao qual eu estava assistindo, foi o escolhido.

Liguei para o Valério, fundador da W12, e perguntei como funcionava o marketing digital de fato. Ele foi ao meu escritório para conversarmos sobre as melhores estratégias. No final, aconselhou a começar a produzir conteúdo gratuito e contratar o serviço da RD Station, ferramenta para automação de marketing digital. Nos dias de hoje, isso é comum e básico; naquela época, revolucionário e inédito no mercado de artes marciais.

Aprendi tudo que pude ao mesmo tempo em que testei as estratégias de geração de *leads*. Minha primeira ação foi distribuir gratuitamente o meu livro em PDF para quem se cadastrasse no meu anúncio. Em 24 horas, mais de quatro mil *downloads* foram realizados. Na sequência, fiz o sorteio de um quimono e consegui mais cinco mil cadastros.

A comunicação com o público do jiu-jítsu de forma direta se deu através do e-mail, das redes sociais e do meu site. O movimento seguinte seria atraí-los para minha academia para que se tornassem alunos. A estratégia deu muito certo e atingimos o número mágico de quinhentos matriculados em menos de um ano de trabalho.

Meses depois, fui convidado a palestrar no maior evento de marketing digital do Brasil, o RD Summit, e tornamo-nos um caso de sucesso da plataforma.

Nossa equipe seguiu batendo todos os recordes: vencíamos praticamente todos os campeonatos e disputávamos com diferentes equipes na Europa, nos EUA e no Brasil. A fase seguiu boa, mas eu ainda não estava satisfeito.

Vencemos os mundiais de 2008 a 2016, nove edições consecutivas, feito inédito e jamais alcançado. Todos foram especiais, e cada um tem as suas próprias histórias e particularidades. Em 2012, igualamos o número de títulos da Gracie Barra. Em 2013, superamos – o que continuamos fazendo ano após anos.

Em 2015, a caminho do nosso décimo título mundial e o oitavo consecutivo, tínhamos muita confiança em nosso time.

Perder sempre foi uma possibilidade, mas o marco de dez títulos mundiais não poderia passar em branco. Todos os anos, a nossa equipe fazia uma camiseta alusiva ao Mundial e a nossa torcida ocupava os mesmos lugares na arquibancada.

Não queríamos parecer arrogantes, mas não deixaríamos de celebrar em grande estilo uma conquista daquele tamanho. Tive a ideia de fazer uma com dupla face. Por fora, o nosso logo e o nome do campeonato, como sempre. Por dentro, estampamos um enorme número 10.

Se perdêssemos, sairíamos sem mostrar o número a ninguém. Se ganhássemos, viraríamos a camiseta no ginásio mesmo e toda a torcida mostraria o número do decacampeonato.

Classificamos seis atletas para as finais da faixa preta. Matematicamente, bastava um ser campeão.

A confirmação não demorou. Logo na primeira luta, a final do absoluto, foi anunciada a vitória antecipada de Bernardo Faria, de quem o adversário sofreu uma contusão. Em um momento emocionante, a torcida tirou as camisetas e as vestiu do lado avesso, mostrando o enorme número 10. Para arrematar, Bernardo recebeu o ouro duplo, vencendo também o superpesado.

Aos gritos de decacampeã, fomos aplaudidos até por nossos adversários. A tática da camiseta havia funcionado perfeitamente, seguíamos em ótima fase.

CAPÍTULO 23
A última luta

No ano de 2012, eu estava almoçando com amigos quando recebi uma ligação de um número internacional. Guy Nievens, o inglês braço direito do Xeique Tahnoon de Abu Dhabi, me convidava para fazer a superluta de *masters* contra o Zé Mário Sperry, no ADCC do ano seguinte na China.

Aquele era o único aluno da equipe do Carlson com quem eu não tinha lutado ainda, e um dos maiores campeões de jiu-jítsu e do ADCC. Sendo um grande desafio, topei na hora. Eu tinha quase um ano para me preparar, e só o fato de ter um embate marcado já foi motivo para eu voltar a fazer o que mais gostava. Contando com a melhor equipe para treinar, comecei imediatamente.

Fiz a preparação física – na época, uma parte dos nossos atletas estava usando o *crossfit*, e achei que poderia ser bom, desafiador e divertido. Rapidamente entrei em forma, o meu peso diminuiu bastante e cheguei ao número de competição, por volta de 92 quilos. Mesmo sem divisão de pesos, achei que era o melhor caminho.

Os treinos se intensificaram e uma antiga lesão no ombro começou a incomodar bastante. Como lesões fazem parte de qualquer preparação e a fisioterapia não resolveu, segui em frente à base de analgésicos.

Passei quinze dias nos EUA com o Cobrinha, que também lutaria na China. Foi muito bom poder ser aluno ao invés de comandar o treino. Dedicamo-nos e coloquei-me em uma rotina totalmente fora da minha zona de conforto. Normalmente começávamos às 8h30min com seis *rounds* de dez minutos. Depois, *drills* de técnicas específicas ou preparação física. Eu saía da academia por volta das 11h30min.

Voltei para o Brasil e segui o treinamento incorporando os *drills* à minha rotina.

Convidei Kenny Johnson, um dos melhores treinadores de *Wrestling* dos EUA, para me ajudar. Foi um movimento muito importante e pude aprender bastante, já que a modalidade é quase sempre decisiva nas regras do ADCC.

A luta foi marcada para outubro e, conforme se aproximava, eu me esforçava mais no treino. A rotina estava me cansando, e não via a hora da data chegar.

Marquei meu último período de prática em Nova York sob o comando do Marcelinho Garcia, talvez o maior atleta do ADCC – com quatro títulos – e certamente o mais excitante de se ver lutar. Cheguei no início de outubro para os últimos quinze dias de preparação. Dois períodos por dia só de jiu-jítsu, e muito aprendizado.

Fiquei na casa do Marcelinho e da Tati, ao lado da academia no bairro de Chelsea. Tudo estava bem quando, ao final da última semana, comecei a sentir um incômodo na lombar enquanto dormia.

Supus que era apenas consequência dos treinos forçados ou da posição em que dormia. Tentei outras posições, mas, por volta de 4h30min, a dor era lancinante e não parecia com nada do que eu já tivesse sentido antes. Pedi ajuda aos meus anfitriões, que se apressaram em chamar uma ambulância. Um exame de urina confirmou a presença de pedras nos rins. Foi a única vez que as tive.

Voltei para os treinos sem conseguir afastar a sensação de fragilidade da cabeça. Mantive um ritmo leve, mas conseguir me movimentar sem nenhuma dor era o mais importante naquele momento.

Cheguei em Pequim e, logo na primeira refeição, percebi que teria um problema. Eu não poderia arriscar uma alimentação diferente às vésperas de uma competição. Mesmo fora do hotel, as opções não eram as melhores. Muito atletas haviam marcado de passear pelos pontos turísticos, inclusive a Muralha, mas eu não fiz absolutamente nada além de treinar e voltar para o quarto, 100% focado, sem distrações.

    Acordei no dia da luta após uma ótima noite de sono e, mesmo seguindo o mesmo ritual – uma pequena ginástica de mobilidade para acordar o corpo –, senti que estava mais nervoso do que o normal. Cheguei a ir até o ginásio para acompanhar as lutas, mas percebi que ficar ali por muitas horas só aumentaria a ansiedade.

    Há três anos sem competir, a falta de ritmo trouxe uma adrenalina acima do normal. Na hora marcada, fui me aquecer, mas o meu corpo estava preguiçoso, parecendo cansado. Eu sabia que era totalmente emocional – já havia passado por aquilo centenas de vezes – e, quando a luta começasse, tudo daria certo.

    O embate começou e apliquei a minha estratégia inicial: a pegada e um *single leg* imediato. Ele defendeu e fomos parar fora do tatame, sobre a mesa dos juízes.

    Com a luta começada, não havia mais ansiedade e tudo voltara ao normal como o meu mestre, Jacaré, sempre me ensinou desde muito novo. Ele costumava dizer que todos ficamos nervosos, mas a adrenalina simplesmente sumiria quando a luta começasse e eu tocasse o quimono. Ali, haveria muitas outras coisas para me concentrar.

    A prática é a melhor ferramenta para confrontar o medo, a única maneira de afastar essa emoção do nosso pensamento. No tatame, focamos nas pegadas, nos golpes e em colocar a estratégia em ação.

    Naquela luta em pé, senti uma diferença grande de força entre nós. Ele era 10 quilos mais pesado, e percebi que seria difícil derrubá-lo. No ADCC, puxar para a guarda conta menos um ponto, mas eu havia treinado essa situação. Fiz um ataque que sabia que seria defendido, e consegui levar a luta para o chão sem caracterizar a puxada.

    O confronto foi se desenrolando, com o Zé Mário por cima tentando passar a guarda. Ele não se expunha muito, e eu não conseguia chegar nas posições que desejava, todas muito bem defendidas por ele.

O embate terminou no tempo regulamentar, e partimos para um *overtime* de cinco minutos. Empatamos. Na segunda e última prorrogação, sem conseguir pensar em outra técnica para usar e com o meu adversário muito bem-posicionado, seguimos equilibrados. A decisão foi tomada pelos juízes, a favor do meu oponente.

Como sempre fiz ao fim de cada embate – derrota ou vitória –, analisei os meus erros e acertos, pontos de melhora e de desenvolvimento. Independente de cada resultado, saímos diferentes de cada luta. O que importa é descobrir o que vamos fazer com aquele novo cenário que temos à nossa frente.

Aquela foi a minha última luta, como já sabia que seria. Talvez tenha errado o treinamento, talvez tenha sido muito longo e eu tenha perdido muito peso. Tudo foi apenas especulação – não haveria uma próxima luta e eu não tinha como corrigir.

Vivi a experiência, lutei contra um grande campeão e, mesmo sem ter feito uma performance dos sonhos, ela não foi de todo ruim. Eu conviveria tranquilamente com isso. Era hora de cuidar do corpo.

Na volta ao Brasil e à rotina da academia, o meu ombro piorou muito, e incomodava não somente para treinar, mas no dia a dia – como abrir a porta do carro, pegar algo no meio da mesa e até para dormir.

Fui indicado a um dos melhores especialistas de ombros do Brasil, o dr. Benno Ejnisman, que me diagnosticou, após analisar os meus exames, com um estágio avançado de artrose – apenas 30% de cartilagem na articulação do ombro. Uma artroscopia para limpeza, procedimento cirúrgico, foi indispensável. Não resolveu o problema, mas deu mais alguns anos de conforto e mobilidade.

No início de 2014, fui operado. Chegara o momento da fisioterapia para poder voltar a treinar. Aproveitei aquele tempo para pensar nos meus projetos e tirá-los do papel.

CAPÍTULO 24
Alliance como empresa

A Alliance como equipe foi fundada em 1993, como já contado aqui, e muito aconteceu desde então. As pessoas que estavam juntas e imbuídas de montar o melhor time do mundo tomaram diferentes rumos, algumas montaram suas próprias equipes, concorrentes, outras abandonaram o jiu-jítsu. Somente três de nós seguimos o plano original: Jacaré, Gigi e eu.

Logo que mudei a academia para o novo prédio na Vila Olímpia, comecei a organizar também um pouco melhor as filiais. Para isso, chamei um aluno ainda faixa roxa na época para me ajudar. Ricardo Caloi havia acabado de se formar em administração de empresas e era apaixonado pelo jiu-jítsu, desejando unir as duas coisas.

Passamos a trabalhar para organizar a agenda de seminários, os contratos com as filiais, os cursos da metodologia etc. Precisamos criar uma organização praticamente do zero, o que fomos fazendo. Depois de trabalhar nas unidades, conversei com o Jacaré e com o Gigi sobre fazermos o mesmo com as deles, pois seria muito ruim os filiados usarem a marca de forma diferente e com regras distintas. Eles concordaram.

Na prática, foi muito difícil convencer mais de uma centena de filiados a seguir as novas regras. Todos eram parte da equipe e adoravam aquilo, mas não viam necessidade de mudar. Provei que o sucesso da minha academia era atribuído, em grande parte, aos processos criados para gerir o negócio, sugerindo que deveriam seguir o exemplo.

A Alliance precisava levar o mesmo jiu-jítsu para todas as escolas. No fim do dia, todos seriam beneficiados. Esclareci que estava ali para ajudá-los.

Aos poucos, fomos quebrando a resistência e aprendendo a aceitar que a perfeição desejada passava longe, que estávamos evoluindo, mas tínhamos um problema que parecia o cerne da questão: três Alliances geridas independentemente. Precisávamos unir tudo.

Conversando com um aluno e amigo do mercado financeiro sobre como desenvolver a equipe como negócio, ele disse que a primeira e mais importante ação a tomar era "juntar os três guarda-chuvas em apenas um". A Alliance precisava funcionar como uma empresa, com uma liderança à frente do negócio e regras únicas para todos. Eu estava convencido de que esse era o caminho, mas precisava criar argumentos para explicar a ideia aos demais.

A quantidade de academias que tínhamos era desproporcional entre nós três. No entanto, quando falávamos de marca, deveríamos ter o mesmo peso e discussões não nos levariam a lugar nenhum. Cada um levantaria seus argumentos. Eu tinha a maior equipe e era o responsável pelos resultados dos últimos anos. Jacaré era o mestre e estava nos EUA, onde tinha a maioria das academias. Alexandre abrira o mercado da Europa.

Propus uma fusão de forma diferente: um terço de ações para cada, organizando a Alliance jiu-jítsu Licenciamentos Ltda – empresa dona da marca e responsável por todos os contratos com os filiados. Em dezoito meses, avaliaríamos efetivamente o tamanho de cada e ajustaríamos os percentuais de acordo. Todos concordaram.

Eu fiquei como executivo e, junto do Ricardo, começamos a trabalhar de forma unificada. Alguns filiados tentaram resistir, mas estávamos dispostos a perder uns para organizar o todo. Seguimos em frente.

Uma das primeiras e mais polêmicas medidas foi a decisão de uniformizar todos os alunos em todas as escolas, o que gerou uma grande discussão, especialmente porque a Gracie Barra havia feito isso anos antes e perdido vários de seus principais atletas. Não achei uma boa ideia, e argumentei que atingia a liberdade do aluno de usar o que quiser. Na verdade, também era sobre a dificuldade que teria de enfrentar, para a qual não me sentia pronto.

O fato é que a medida fazia, sim, todo o sentido. Colocando em prática, e comecei pela minha academia, que tinha dois complicadores: era a mais cheia e reunia a maior parte da equipe de competição.

Quando o final do ano foi chegando, reforcei o estoque e fiz uma promoção – o aluno comprava um e levava dois. A maioria aproveitou e nós começamos o ano com a academia totalmente uniformizada.

Mesmo com a rigidez da regra, não perdemos nenhum aluno. Implementamos uma política que viria a ser importantíssima para o negócio da Alliance como um todo.

Por outro lado, vários dos meus atletas tinham patrocínio de quimono e certamente criariam uma resistência grande. Porém, eu estava decidido e comecei a falar do assunto. Como previsto, eles se arrepiaram. Expliquei que, em alguns meses, seria obrigatório, reforçamos a ideia com nossos fornecedores para que não nos faltassem produtos, disse aos alunos para não comprarem mais quimonos que não fossem da Alliance, pois não poderiam usá-los.

Conversei individualmente com eles para explicar a necessidade e o plano, dizendo que melhoraríamos a condição de todas as academias e que isso, no futuro, seria importante.

Sobre os patrocinadores, expliquei que poderiam usar o quimono que quisessem nos campeonatos, mas a academia não era expositor para os patrocinadores deles e eu não recebia nada por isso. Como alunos, eles precisariam cumprir as regras na escola; como atletas e competidores, usariam o que bem entendessem.

O primeiro atleta renomado que chegou sem uniforme e foi barrado no treino mostrou a todos que aquilo era um assunto sério, e que não aceitaríamos exceções. Nunca mais tivemos problemas e concluímos a uniformização em poucos meses.

Mas o desafio estava longe de ter fim. Na minha academia, a padronização foi implementada com sucesso, mas nas demais, não. Levaria tempo, mas chegaríamos lá quando os professores percebessem que era melhor dessa maneira, com a academia mais organizada e bonita. Até o comportamento dos alunos melhorou – uniformes não existem à toa, simbolizando pertencimento, ordem, limpeza e tudo o que as pessoas procuram na arte marcial.

Eu sabia que estávamos no caminho certo e, aos poucos, quebraríamos todas as objeções.

Cada passo que demos teve como visão o desejo de fazer algo grande pela Alliance e pelo jiu-jítsu. A minha academia ia muito bem, o que me deu conforto para poder dedicar mais energia à organização de algo que, embora existisse há bastante tempo, era embrionário como negócio.

Estávamos em diversos países e só precisávamos fazer com que todos entendessem que a melhor equipe de competição era, também, um negócio sólido e lucrativo; tudo isso sem perder a essência do jiu-jítsu. Mesmo com um faturamento baixíssimo, éramos uma empresa global.

Seguimos muito bem nas competições e tão distantes das outras equipes que, mesmo com a minha energia muito voltada para a estruturação do negócio, fomos campeões pelos dois anos seguintes, completando uma série de nove mundiais consecutivos, e terminando com onze títulos no masculino e dez no feminino.

Em 2017, perdemos o Mundial para a equipe Atos, liderada pelo professor André Galvão, que já vinha sendo a nossa principal adversária há algum tempo.

Em todas as derrotas, uma série de especialistas e conselheiros sempre tenta nos encher a cabeça com novas ideias, e geralmente nunca realizaram nada, apenas criticam o trabalho feito. Em virtude do momento de fragilidade, às vezes damos ouvidos. Eu, de certa forma, permiti que isso acontecesse. Amargamos mais uma derrota no Mundial seguinte.

Seguimos caminhando a passos largos na organização de nossa empresa e entendi que não poderia fazer tudo ao mesmo tempo: eu não poderia liderar a renovação necessária de nosso time de competição. Os nossos "cavaleiros de ouro", como chamávamos os faixas pretas, estavam chegando perto da aposentadoria, e os melhores tempos da Alliance estavam ficando para trás.

Eu precisava aceitar isso e seguir em frente, passando a me tornar tão relevante para a empresa quanto tinha sido para o time. Uma nova fase começara, e eu devia escolher quem ficaria no meu lugar.

Tendo criado vários campeões, a minha maior preocupação era manter um ambiente livre e de oportunidades, pois não cometeria o mesmo erro que, em meu entendimento, havia sido a real razão do rompimento, quase quinze anos antes.

Os campeões estavam sempre atentos às oportunidades, e começaram a sair para montar suas próprias academias ou ser convidados pelos nossos filiados para irem treinar nos EUA. Eram caminhos naturais, os quais entendia e incentivava. Sem perceber, eu não preparei especificamente ninguém para tomar o meu lugar.

Sem tempo para assumir turmas, a minha qualidade e capacidade de atualização nas novas técnicas que surgiam assim como as estratégias competitivas ficaram comprometidas.

A escolha de um sucessor precisava ser rápida, mas ninguém estava pronto para aquela função. Determinação e confiabilidade eram requisitos para o cargo, além de representatividade, história e sensação de pertencimento. A figura ideal precisava ter vivido os melhores momentos da nossa escola dentro do tatame, e lembrar claramente como era "ser liderado" para que construísse o seu próprio jeito de liderar. Encontrei isso em Michael Langhi.

Mike já era o professor principal da academia, e cada vez assumia mais responsabilidades, principalmente com a equipe de competição. Transições não são fáceis e, por isso, a força de vontade e o caráter precisam estar presentes para que as tormentas possam ser atravessadas juntos. Tivemos muitos problemas, e nem sempre fui compreendido.

Quando a dissolução não é uma opção, sempre se acha um caminho, e nós achamos. Nossa equipe começou a ser reconstruída.

CAPÍTULO 25
Viver de jiu-jítsu

Em 2017, após alcançar o número de quinhentos alunos, entendi que precisava compartilhar isso não só com meus filiados da Alliance, mas com toda a comunidade do jiu-jítsu. Era urgente e necessário abandonar a mentalidade que se proliferou na década de 1990, e que não representava verdadeiramente a essência da arte.

As academias e professores tinham que parar de tratar os seus alunos como discípulos marciais, e começar a entendê-los como clientes, que buscaram e contrataram um serviço com esperança de trazer melhoria para as suas vidas. Essa mentalidade estava fortemente enraizada na cabeça dos profissionais, e decidi que seria minha missão demovê-la de lá.

Como o advento do mercado digital e um fácil canal de comunicação com toda a comunidade, desenvolvi um curso chamado "Curso de Gestão de Academias de jiu-jítsu".

O evento presencial em um hotel de São Paulo foi divulgado na internet e conseguimos lotar a sala com setenta pessoas. Foram quase quatro horas, e sei que foi um sucesso.

Eu me senti satisfeito por ter conseguido passar para tantos professores uma nova visão. Ao final, um dos alunos veio me parabenizar, dizendo que havia ficado bastante impressionado, e que não esperava tanta informação relevante para o negócio. No entanto, ele não era professor de jiu-jítsu, mas apenas praticante, e estava investindo em uma academia com o mestre dele.

Continuamos a conversar e ele me perguntou se eu conhecia a *Empiricus*, empresa de recomendações financeiras muito presente na internet. Eu não só conhecia, como também assinava a *newsletter* deles. Esse aluno me deu o seu cartão de visitas e me convidou para um café para me contar como eu poderia fazer para transformar o meu curso em um produto digital. Guardei na minha carteira o contato de Roberto Altenhofen e, logo no primeiro encontro, decidi colocar em prática suas ideias.

Além de gravar todas as aulas, a estrutura foi dividida em três pilares. O primeiro, técnico, sobre a importância da metodologia de ensino e da divisão de níveis de aulas (iniciantes, intermediários, avançados) e faixas etárias. Além disso, trata de coisas praticamente inexistentes nas academias de jiu-jítsu, como a montagem da grade de aulas. Eu provei que um bom quadro poderia aumentar em até 78% a capacidade máxima do número de alunos.

O segundo pilar, financeiro, engloba quanto gastar com aluguel, como precificar a mensalidade, como pagar os colaboradores e professores, e até qual sistema contábil adotar.

Por último, o terceiro pilar do curso é o marketing digital, quando eu falo sobre o uso das redes sociais, a lógica do compartilhamento de conteúdo gratuito para criar autoridade e fazer com que os clientes desejem seu produto. Confesso que esse ponto não me agradou muito no começo. A despeito de reconhecer o meu valor e de saber que a minha qualidade se venderia por si, achava o termo "marketeiro" pejorativo. Em uma de minhas conversas com o Beto, ele comentou: "Se você não fizer marketing, alguém com muito menos qualidade vai ter uma voz muito mais alta e potente. Você tem uma missão verdadeira de mudar a vida das pessoas através do jiu-jítsu e, se permitir que qualquer um fale em seu lugar, não poderá reclamar. Você terá a sua parcela de culpa no resultado".

Aquilo caiu como uma bomba na minha cabeça. Reconhecendo o motivo, mudei completamente a minha posição; comecei a usar mais a internet e a compartilhar o máximo de conteúdo gratuito que pude. A frase "quando a maré sobe, todos os barcos sobem" passou a ser um mantra. Quanto mais eu compartilhava, mais as pessoas vinham até mim para agradecer e dizer que estavam mudando as suas academias e, consequentemente, as suas vidas. Foi o combustível que eu precisava para continuar.

Com cinco aulas gravadas, convidei a todos para um *workshop* gratuito – três encontros no espaço de uma semana. Conseguimos milhares de inscritos e, na última reunião, anunciei o curso de trinta aulas – mesmo só tendo cinco prontas. Informei que eles teriam sete dias para comprar.

Foi um sucesso. Eu nunca tinha feito um lançamento assim e, logo no primeiro dia, vendi para o ambiente digital um valor equivalente a cinco vezes o presencial. As gravações foram feitas por um profissional do ramo dentro do meu escritório na academia, no intervalo das aulas. Usei, inclusive, uma lousa para escrever os conteúdos.

Nos campeonatos, os professores me agradeceram e comentaram sobre as aulas, muitos perguntando quando seria a próxima turma. Consegui alcançar o que o Beto tinha falado – um produto pronto, que poderia ser vendido várias vezes sem precisar gravar novamente. E o público atingido foi o mais amplo possível.

O desafio para os lançadores de produtos online era atingir o *slogan* criado pelo Erico Rocha, uma espécie de mago dos lançamentos no Brasil: "fazer seis em sete", ou seja, fazer mais de 100 mil reais (seis dígitos) em sete dias.

Então, no segundo lançamento, fiz a divulgação, gerei a lista de e-mails, convidei para o *workshop* gratuito e segui o plano. Falhei, mas cheguei perto.

Alcancei a meta "seis em sete" no terceiro lançamento, mas o mais importante era que centenas de academias vinham mudando o seu modo de ver o jiu-jítsu. Isso era o grande valor.

As academias da Alliance que eram mais próximas a mim melhoraram e, consequentemente, o meu negócio principal seguiu o embalo. O jiu-jítsu cresceu e eu procurei colaborar ainda mais com esse crescimento de todas as formas que eu pude.

CAPÍTULO 26
Abu Dhabi

A capital Emirados Árabes Unidos tem uma relação especial com o jiu-jítsu. A minha primeira experiência no país foi em 1999, já narrada aqui, em evento idealizado pelo xeique Tahnoon bin Zayed, que veio a ser o maior e mais cobiçado evento de *grappling*[40] do mundo. Tudo começou muito antes, nos EUA.

O xeique Tahnoon, que havia se mudado para estudar na Califórnia, descobriu o jiu-jítsu através do UFC e começou a treinar na academia de Nelson Couto, renomado atleta e professor, e um dos primeiros brasileiros a se mudar para lá ainda no início da década de 1990.

Ao final do curso e com planos de voltar ao seu país, convidou o professor para se mudar para Abu Dhabi, seguir treinando-o e desenvolver a arte marcial na região.

Alguns professores brasileiros passaram a ser convidados para dar aulas no país, até que um dos filhos do xeique, o primeiro no comando, foi mordido de vez pelo jiu-jítsu.

Vendo a transformação positiva que a arte marcial havia feito nele, o xeique tomou uma decisão que mudou o cenário mundial da modalidade: instituiu o jiu-jítsu de forma obrigatória em todas as escolas e bases militares do país. Para isso, foram

---

40. Lutas de corpo-a-corpo, como jiu-jítsu, *Wrestling*, Judô, Luta Livre.

necessários muitos professores, e o único lugar possível de consegui-los era no Brasil.

Teve início a grande migração de faixas pretas: brasileiros atrás do sonho de uma vida confortável, de viver de jiu-jítsu. O crescimento exponencial mexeu com o mercado e a IBJJF começou a receber pedidos de diploma de atletas há muito afastados do esporte, que voltaram a enxergar a possibilidade de trabalhar com a arte marcial.

Embora tenha sido benéfico para a luta, isso trouxe também muitos problemas, especialmente com professores não necessariamente capacitados para ministrar aulas e que, muitas vezes, sequer falavam inglês. Alguns se dedicaram a aproveitar as facilidades ao invés de fazer um bom trabalho em prol do jiu-jítsu. Em pouco tempo, mais de seiscentos professores estavam no país.

O xeique seguiu apaixonado, treinando com os melhores atletas e professores, os quais convidava para passar uma semana com ele no palácio. Tive a honra de ser convidado algumas vezes e, na última delas, a conversa foi diferente.

Guy Nievens, seu braço direito, perguntou se eu poderia ajudar o projeto do jiu-jítsu como um todo, ressaltando que o meu nome era o primeiro da lista em uma tentativa de organizar e estruturar o projeto.

Comprometi-me a pensar em uma maneira de ajudar, e decidimos que seria importante visitar Abu Dhabi para entender a ideia por dentro. Naquela semana de treinos com o xeique, tive um outro objetivo e mais um desafio profissional. Fiquei animado.

Conversamos sobre os problemas que ele identificava, dei os meus *inputs* sobre como achava que poderíamos trabalhar no sentido de unificarmos a forma como o jiu-jítsu era ensinado. Como já havia passado por essa experiência com a implementação da metodologia na Alliance, eu sabia que, mesmo não sendo um trabalho fácil, era possível.

Levei as ideias para o comandante do projeto, coronel Abdul Manan, com quem me reuni algumas vezes durante a semana e saí do país com um acordo praticamente feito.

De volta ao Brasil, havia muito para resolver. O primeiro deles era com a Carolina, que não gostou nem um pouco da ideia de nos mudarmos para Abu Dhabi.

Depois, precisei pensar em como seguir desenvolvendo o plano da Alliance mesmo de longe. Eram questões contornáveis, especialmente com a proposta financeira atrativa – US$ 1.200.000,00 anuais mais benefícios, como moradia e passagens para o Brasil três vezes por ano. Na minha cabeça, a proposta era incrível.

O contrato chegou estipulando um valor diferente do combinado e eu, supondo tratar-se de um erro de digitação, entrei em contato com eles. Para a minha surpresa, o coronel realmente havia entendido que o pagamento seria calculado em *dirham,* e não dólares. Por aquele valor, eu não aceitei mudar toda a vida para Abu Dhabi.

Algumas semanas se passaram e recebi uma mensagem me convidando para passar um mês em Abu Dhabi prestando consultoria sobre o projeto em andamento. Fiz o meu preço e fui.

Nos primeiros quinze dias eu apenas assisti às aulas do time de competição – comandado por um de meus alunos, Henrique Rezende e mais dois amigos, Michel Maia e Alex Negão. Fui muito bem recebido, mas não me chamaram para visitar a sede da Palms Sports e entender melhor a estrutura do projeto. Isso só aconteceu na terceira semana, quando realmente tive uma agenda de reuniões com o CEO da empresa, Fouad Darwish, e pude fazer as minhas recomendações sobre o que tinha visto e o que poderia ser melhorado.

Foi uma experiência rica, embora nem tanto quanto teria sido se eu realmente tivesse assumido a posição de comandar a parte técnica e metodológica.

Aprendi bastante e, de certa forma, deixei a minha contribuição para que o jiu-jítsu tivesse um rumo melhor e mais organizado por lá. Até hoje, do que posso acompanhar por meio de amigos que fazem parte do projeto, eles ainda não conseguiram estabelecer uma metodologia uniforme de trabalho. Ainda assim, o jiu-jítsu faz parte da cultura do país, o que por si já é uma conquista gigante.

Acredito que o xeique tenha entendido o problema e me indicado para a solução, com a qual ambos concordamos ser o melhor caminho, de ter alguém com representatividade perante o grupo de professores para que se estabelecesse uma única forma de ensino. Isso nos permitiria não só visualizar a evolução técnica dos alunos, mas medir a qualidade do conteúdo passado pelos professores.

Para o coronel, que era o todo-poderoso do projeto e decidia os rumos e o "como fazer" – mesmo não conhecendo a fundo o jiu-jítsu –, não era interessante ter alguém como eu naquela posição, ainda mais indicado diretamente pelo xeique. E daí toda a estratégia de interpretar o contrato de forma diferente e me levar para uma consultoria.

O fato é que tudo permaneceu como era, e até hoje não vimos nenhuma mudança significativa no sentido de entregar um jiu-jítsu mais coeso e de qualidade em Abu Dhabi.

CAPÍTULO 27
Alliance: único foco

Após Abu Dhabi, o meu foco se tornou novamente o crescimento da Alliance. As demandas em trazer suporte para os nossos filiados aumentaram e, sozinhos, eu e Ricardo Caloi, que havia se mudado para Florianópolis, não éramos capazes de fazer o trabalho.

Dividido entre a academia e a Associação, eu senti que deveríamos dar outro salto de qualidade. Precisávamos de gente. Ricardo é casado com a Camila, uma *designer* que estava procurando ressignificar o seu trabalho. Ela pensou em nos ajudar na Alliance, e seria ótimo ter um olhar feminino no nosso time. Além de trazer uma habilidade que nunca tivemos, era alguém que poderia cuidar da imagem de nossa marca.

Mesmo sendo um plano ótimo, eu precisei convencê-los a mudar para São Paulo, porque o trabalho à distância não me agradava e eu não achava que poderíamos extrair o melhor estando separados. Discutir as ideias era fundamental nessa fase.

Começamos a trabalhar juntos. O próximo passo foi mudar para outro escritório, pois o meu não comportava o crescimento que planejávamos.

***

Um dia, Florian Bartunek entrou em contato comigo propondo investir na Alliance. Ele, um dos maiores investidores do Brasil, vinha acompanhando o meu trabalho há muitos anos e me dando dicas valiosas sobre estudos, livros, cursos e negócios em nossos esporádicos cafés. Era uma mentoria informal, que sempre foi de grande valor para mim.

À ocasião, eu havia acabado de realizar um estudo de *valuation* da Alliance, pois queria entender as possibilidades que se mostravam. Embora ainda fôssemos uma empresa relativamente pequena em faturamento, tínhamos algumas características interessantes, como parte significativa da receita em dólar, capilaridade em aproximadamente trinta países e um segmento de esporte e saúde que visava o desenvolvimento das pessoas em busca de virtudes; coisas que poucos negócios conseguiam unir.

Marcamos uma reunião algumas semanas depois, e apresentei a avaliação que entendi ser justa para a empresa naquele momento. Florian topou, mas disse que gostaria de ter mais três pessoas para dividir com ele a compra de 10% do negócio.

Para ele, não é muito difícil conseguir sócios e, em uma semana, três novos interessados de altíssimo calibre se apresentaram: Gilberto Sayão, Fábio Nazari e Maurício Sirotsky. Aquele era um *dream team* de sócios, sem dúvida.

Aprofundamos as negociações em termos de governança e responsabilidades, tudo bastante novo para mim, embora eu sempre tenha lido muito sobre o tema. Em certo ponto, esbarrei em uma cláusula que me deixou desconfortável – uma "*put* de saída" que basicamente dizia que, em sete anos, os investidores poderiam vender as suas ações, obrigando a empresa a comprá-las a um determinado múltiplo de valorização. Mesmo sem entender bem daquilo, pareceu-me um empréstimo com data para pagar a dívida.

Procurei me aprofundar no entendimento, pois não queria perder a oportunidade de ter sócios tão legais e que certamente me ajudariam muito no processo de evolução do negócio, mas o meu desconforto continuou. Era, de fato, praxe no mercado que fundos de investimento programassem uma saída com lucro, mas aquilo ainda soava como dívida para mim.

Tentei negociar a exclusão da cláusula, mas não tive sucesso e declinei da oferta. Foi uma decisão muito difícil, mas entendi que era acertada. Agradeci, expliquei as minhas razões e decidimos não fechar o negócio. Seguimos bons amigos e, de certa forma, tenho conselheiros que ajudam indiretamente a Alliance a crescer.

Durante as reuniões, discutimos muito os planos e o que fazer com o dinheiro que receberíamos – onde investir, a contratação de pessoal, a organização da empresa etc. Foram aulas impagáveis com algumas das mentes mais brilhantes do mercado.

Eu sabia o que fazer, mas não tinha certeza se conseguiria arcar com as despesas.

Meses antes, um aluno de San Diego havia proposto comprar um pedaço da academia como investimento, porque desejava ter o jiu-jítsu para sempre em sua vida. Bobby Armijo queria fazer mais pelo esporte e pela Alliance, e estava em busca de novas oportunidades. Ele vinha ao Brasil frequentemente, tornara-se um amigo e, então, ofereci o mesmo negócio que eu tinha acabado de recusar, embora sem a cláusula de saída. Ele topou na hora e, em menos de dois meses, tínhamos um novo sócio na Alliance, além de caixa para começar a estruturação que eu entendia necessária.

Existe uma fábula de um fazendeiro chinês, que tinha um filho jovem e um cavalo. Certo dia, ele recebeu a notícia que o cavalo havia sumido. O animal era responsável pelo transporte, bem como ajudava no trabalho da terra. Sem ele, o fazendeiro não poderia alimentar sua família. Muitos lamentaram a "desgraça" do fazendeiro, que respondeu: "Será mesmo uma desgraça?"

O cavalo retornou alguns dias depois, trazendo consigo mais dois animais. Agora, o fazendeiro tinha três e as pessoas correram para felicitá-lo pela grande "sorte". "Será?", respondeu o homem.

No dia seguinte, feliz e animado, seu filho saiu para cavalgar, caiu e quebrou as duas pernas. Novamente, as pessoas destacaram sua "má sorte". "Será mesmo má sorte?", o fazendeiro perguntou. Uma semana depois, o Exército chegou à fazenda para convocar todos os jovens para guerra. Seu filho foi poupado devido à sua lesão.

Coisas boas podem acontecer em trajetos que, inicialmente, parecem ruins. A verdade é que só saberemos ao longo da caminhada. Enfrentamos novos desafios e oportunidades e, se gastarmos energia categorizando, perderemos outras chances. Sempre que nos lamentamos, olhamos para trás, para o que aconteceu, e não para a frente, para os novos passos a dar.

Em uma luta, tentamos fazer algo que o nosso adversário não quer nos permitir. É uma disputa entre vontades totalmente antagônicas. De certa forma, força-nos a estar no presente o tempo inteiro, olhando para os possíveis cenários. Quando caímos em uma armadilha e lamentamos por isso, tornamo-nos vulneráveis. Em uma fração de segundos, ele pode nos aplicar um golpe e vencer a luta, tudo enquanto estávamos pensando em algo que não poderíamos consertar.

Essa lógica deve ser replicada na vida a todo instante. Quando temos um problema ou sofremos uma derrota, precisamos ser pragmáticos. Não devemos perder nem um segundo sequer para lamentar ou arranjar desculpas para o acontecido; isso não importa e não tem nenhum poder de ajudá-lo. A única coisa que pode nos fazer sair do problema é pensar no melhor movimento possível a partir da situação.

Um fato ruim pode exigir muito mais do que apenas uma ação. Às vezes, demanda uma sequência de atitudes certas. Em outras, demora muito mais tempo do que gostaríamos para clarear o caminho. Não me parece muito eficiente se desesperar, nem simplesmente sentar e desejar que aconteça. Precisamos trabalhar no melhor que pudermos fazer, no exato momento em que estivermos.

Em um contexto de luta, quando o adversário está com o domínio das suas costas e um braço em volta de seu pescoço

– a apenas um movimento de conseguir um vitorioso estrangulamento –, uma rápida retrospectiva de suas técnicas o fará concluir que cometeu erros consecutivos, que tomou decisões erradas. Talvez, enquanto estiver pensando nisso, o oponente usará o outro braço e definirá a luta.

Em uma posição difícil, seja ou não resultado de uma sucessão de erros, é praticamente inefetivo pensar nisso enquanto deveria decidir o próximo movimento.

Na situação hipotética acima, se você se concentrar apenas em não ser estrangulado, talvez consiga evitá-lo. A partir de então, você poderá conseguir se afastar do golpe e do domínio imposto por seu adversário. Seguindo com a estratégia a cada movimento, as coisas invariavelmente vão ficar melhores e, quando menos esperar, estará em uma situação favorável, e até mesmo na iminência de vencer a luta.

Esse é um dos conceitos, a meu ver, mais importantes no enfrentamento dos problemas. Estar concentrado em nossa capacidade de adaptação e não se apegar demais ao que pode perder a qualquer momento fazem com que esteja sempre preparado para reagir da melhor forma quando coisas indesejáveis acontecerem. O limite desse pensamento está no conceito estoico *memento mori* – refletir sobre a morte, ter consciência que chegará para todos nós a qualquer momento sem avisar –, que faz com que nos forcemos a agir sem desperdício de tempo, que não procrastinemos nossas tarefas, que não deixemos passar a oportunidade de dizer às pessoas o quanto elas são importantes, e que definitivamente vivamos no presente e prontos para agir a qualquer situação que apareça em nossa frente.

A adaptabilidade exige que olhemos adiante, tenhamos confiança de que encontraremos a saída, e que isso nos levará a novas conquistas e desafios.

Olhar para a frente está no centro da logoterapia, doutrina terapêutica que, de certa maneira, se contrapõe à psicanálise – ou, como dizem alguns, a terceira escola vienense de psicoterapia.

Em seu best-seller *Em busca de sentido*, o autor austríaco Viktor Frankl retrata a importância de resolver os problemas olhando para as coisas a serem realizadas, deixando de lado círculos viciosos e mecanismos de retroalimentação que, ainda segundo ele, são os grandes responsáveis pela criação de neuroses, bem como pouco efetivos na solução real dos problemas.

O contrário, ou seja, olhar para trás e buscar justificativas está diretamente ligado à vitimização, à busca por um culpado – "qualquer um menos eu" –, tende-se a acreditar que o mundo conspira contra nós, que isso não é justo. "Meu Deus, por que eu?" ou "por que comigo?".

As nossas ações têm consequências, assim como as nossas ideias, e precisamos estar prontos para pagar o preço por elas, o que não tem nada a ver com justiça. Esse conceito significa o desejo de que as coisas sejam como nós entendemos melhores e corretas, e está totalmente descolado da realidade do mundo.

Thomas Sowell, em "A busca da justiça cósmica", explica a dificuldade que muitas pessoas encontram entre o que é o desejável e o que é possível e real. Ele explica que não há dúvida de que o mundo da justiça cósmica é infinitamente melhor do que o da tradicional. No entanto, uma coisa é protestar contra o destino – e ninguém deve confundir isso com uma crítica séria à sociedade existente –, e outra é usá-lo como base para construir algo melhor.

Ao longo desse livro, contei algumas derrotas e dificuldades que me levaram para caminhos que não estavam em meus planos. Eram oportunidades escondidas que, sem todos os percalços, eu não teria vivido. Sempre olhei a vida pelo lado positivo, e o jiu-jítsu me ensinou a encontrar saídas.

Bobby entrou em nossa sociedade por um desses caminhos imprevistos e, desde então, tem sido um grande amigo e conselheiro, praticamente um termômetro fiel do mercado norte-americano.

Os EUA têm grande potencial para o crescimento de nossa empresa, e criamos uma profunda amizade nesses cinco anos.

"Há males que vêm para o bem" se confirmou: perdi uma oportunidade incrível de uma sociedade com quatro mentes brilhantes, continuei tendo todos como amigos e parceiros e ganhei um sócio leal, colaborativo e competente.

Pensar a Alliance como empresa já era algo que eu vinha fazendo de forma amadora há muito tempo. A minha relação com os outros fundadores, Jacaré e Gigi, ia muito além de uma simples sociedade – estávamos juntos desde sempre, e a nossa amizade sempre me deu tranquilidade para estar à frente e defender os interesses da melhor maneira. Com a entrada do novo sócio, que acreditou no potencial de nosso crescimento, assumimos novas responsabilidades e compromissos.

Aos quarenta e nove anos, o meu corpo já sentia o passar do tempo. Foram muitos anos de treinamento, muitas vezes sem respeitar limites – como acontece com os esportes de alto rendimento – e o ato de dar aulas começara a me incomodar.

A lesão no ombro e um desconforto que começara a sentir no quadril me forçaram a entender que a vida de tatame não seria muito mais longa. Mesmo sabendo que era o curso natural e tendo me preparado – uma academia de sucesso com um time de professores muito qualificados –, duas coisas vieram à minha cabeça. Primeiro, os meus professores desejariam seguir seus próprios caminhos. Depois, eu precisava me dedicar totalmente à Alliance Association.

CAPÍTULO 28

Escolhendo um sucessor

Durante os anos dourados de nossa equipe, entre 2008 e 2016, tive sob o meu comando o melhor time de jiu-jítsu da história, com nove títulos mundiais consecutivos, além de Brasileiros, Pan-Americanos e Europeus. Formamos dezenas de campeões mundiais na faixa preta, e muitos deles começaram naturalmente a procurar seu espaço no mercado de trabalho.

Todos estavam construindo suas carreiras e vi isso com bons olhos, pois esse era o plano: transformar a Alliance em uma plataforma de oportunidades para aqueles que quisessem viver de jiu-jítsu.

Nesse movimento de expansão, Michael Langhi foi convidado para ser o *head coach* da nossa academia de Orlando na Flórida em 2012, e chamou para acompanhá-lo uma outra estrela do time, Bruno Malfacine.

Aquela geração de atletas estava enxergando o final de suas vidas competitivas e se colocando no mercado, um combustível para todos os que viriam depois. É fato que nossa equipe sentiu a falta deles, e é quase impossível repor peças tão brilhantes de forma rápida.

Empolgado com a ida do Michael, o dono da filial anunciou na internet a chegada de um novo professor, que assumiria as aulas logo após a pequena reforma que estava em andamento. Mike chegou à cidade para se aclimatar, organizar moradia e dar entrada na papelada de visto de trabalho. Com tudo organizado, sua esposa foi encontrá-lo para começarem juntos a nova vida, mas a imigração americana impediu a sua entrada.

Michael voltou para o Brasil, e teve o seu visto de trabalho negado, ficando fora do Mundial do ano seguinte. Foi um momento difícil para um dos maiores campeões de nosso time.

Como diz o dito popular, "quando uma porta se fecha, outras se abrem". Enquanto pensava no meu sucessor, enxerguei a volta de Michael como uma grande oportunidade de manter uma estrela na minha academia. Ele sempre foi um dos mais comprometidos atletas com quem já lidei – o primeiro a chegar e último a sair –, nunca reclamou de cansaço e sempre fez o que tinha que ser feito. Lutou e venceu todos os campeonatos possíveis, tendo se tornado um dos maiores expoentes não só de nosso time, mas de todo o jiu-jítsu.

Agarrei a chance de fazê-lo enxergar a situação por uma ótica melhor e, ao mesmo tempo, garantir a continuidade do meu trabalho com a equipe na academia.

Professores têm uma missão diferente de atletas, mas teríamos tempo suficiente para prepará-lo para assumir. Ofereci uma participação nos resultados, e ele se tornou o principal professor da escola, liberando a minha agenda para a administração.

Um tempo depois, deparei-me com a necessidade de dedicação total à associação, e decidi que era hora de oferecer ao Michael o controle da academia. Por mais bem-sucedido que ele fosse, carecia da verba para comprar um negócio lucrativo como a Alliance SP.

Assim, negociamos uma forma de pagamento em prestações por alguns anos. Eu estava livre das minhas obrigações da academia – pelo menos diretamente – e pude me dedicar a organizar as filiais e abrir novos caminhos para a Alliance.

Novamente, atleta e professor são cargos bem diferentes de gestor. Além disso, tínhamos ainda a liderança da equipe de competição, o que envolvia um componente emocional muito grande. Por mais que o Michael tenha sido um dos maiores campeões formados ali, os atletas o viam muito mais como um companheiro experiente do que como líder do grupo. Esse foi um momento emocionalmente difícil para todos, mas em breve as coisas fluiriam melhor.

Muitas pessoas têm dificuldade para delegar funções, especialmente para uma sucessão. Devemos ter em mente que não somos capazes de fazer tudo sozinhos e aceitar as diferenças na forma de fazer – podemos até orientar, mas é preciso que o novo dono da função aprenda a lidar com as dificuldades e os problemas. Do contrário, não teremos líderes nos ajudando e muito menos sucessores.

E isso nos leva a uma conclusão: um sucessor precisa estar alinhado com a visão e com o propósito do negócio, e comungar dos mesmos valores morais e éticos. Acredito que todo o resto é secundário e possível de ser aprendido.

Escolhi o Michael Langhi pensando nisso. É claro que a sua qualidade técnica e comprometimento sempre estiveram presentes, mas por si não o colocariam nessa posição. Aliadas a essas características, sua lealdade a tudo que a Alliance representa e seu caráter foram decisivos para a escolha.

CAPÍTULO 29

A bomba de 2020

O ano começou e estávamos cheios de planos. Mudamos para um novo escritório, aumentamos a equipe de trabalho para melhor atender aos filiados, passamos a contar com o atendimento regional para filiados do Brasil, dos EUA, Canadá, Europa e Ásia, além de um departamento de marca e marketing. Estávamos prontos para colocar o plano em prática, e com dinheiro no caixa pela entrada do Bobby.

Enfim, vieram rumores de que a nossa escola na China precisaria fechar por duas semanas na tentativa de conter o avanço de um vírus. Como as informações vindas de lá sempre são turvas e não muito confiáveis, ficamos em alerta, mas não tomamos providências.

Os problemas foram se aproximando – escolas na Europa, Oceania, EUA e Brasil – e, em pouco tempo, estávamos todos fechados.

Tudo o que chegava de informação era muito superficial, e ninguém sabia ao certo o que fazer. O efeito "manada" fez com que todos acreditassem que um *lockdown* de duas semanas controlaria a contaminação do vírus e que, aos poucos, poderíamos voltar ao normal. "Duas semanas", disseram as autoridades. Muitos entraram em pânico e precisei agir para tranquilizá-los.

Não lembro se liguei pedindo conselho ou se foi o próprio Florian Bartunek entrou em contato para saber como eu estava, mas o fato é que, mais uma vez, fui iluminado pelo conselho desse grande amigo, que me ofereceu acesso a cinco *masterclass* realizadas por Harvard para um grupo de empresários e alunos com o intuito de discutir e achar estratégias para enfrentar o desconhecido. Assisti a todas com grande interesse, e comecei a entender melhor o cenário projetado à nossa frente.

Adiantar-se ao imponderável é uma arte que precisa sempre ser trabalhada. Mais uma vez, recorri aos ensinamentos do jiu-jítsu: antever cada movimento do adversário, mesmo aqueles com características diferentes de peso, velocidade, agressividade, flexibilidade etc. Preparar-se para o desconhecido é tornar-se adaptável, e isso talvez seja uma das melhores qualidades a desenvolver com o objetivo de navegar para o futuro – por definição, incerto.

Não se trata de tentar adivinhar o que virá, mas de se preparar para o que vier. É o que nos mantém ocupados no presente: buscar o que estiver ao alcance para evoluir. Prender-se às tentativas de controlar o inevitável alimenta o mal da ansiedade. Fazer o que está ao nosso alcance é o melhor remédio.

A primeira lição que tirei das aulas é que o problema não era exclusividade de ninguém – todos estavam no mesmo barco e, como em qualquer crise, uns navegariam bem e outros não. De certa forma, eu estava confiante e entendi que precisava cuidar primeiro do meu time de competição.

Para orientar as academias sobre como proceder, ajudei o Michael a lidar com a nossa. Primeiro, os professores, que ficariam sem dar aulas e, consequentemente, sem renda. As duas semanas previstas pelos órgãos competentes se alongaram indefinidamente, mas anunciamos que teriam os seus salários mantidos.

Depois, explicamos aos alunos o que faríamos e experimentamos uma grande vitória na pandemia. Em sua esmagadora maioria, apoiaram o nosso plano e mantiveram-se pagando as mensalidades, mostrando que o jiu-jítsu é muito mais do que apenas uma atividade física.

Enquanto outras academias fechavam, totalmente sem renda em virtude do alto nível de evasão, a nossa taxa de cancelamento beirava 30%, mesmo quando a maioria dos alunos também eram financeiramente afetados em seus negócios.

Criamos uma agenda de reuniões diárias com todos os filiados em cinco diferentes regiões do mundo para conversar sobre as medidas, criar rotinas de aulas online, construir um protocolo de retorno organizado e seguro – conforme o que sabíamos na época, respeitando o distanciamento e duplas fixas durante as aulas.

Discutimos as políticas dos diferentes países e, ao final do período de confinamento, tínhamos um time de filiais muito mais coeso. Todos os que participaram das reuniões conseguiram manter os seus negócios, e ainda mais motivados para fazer melhor.

Ver os alunos dando suporte para as academias em todo o mundo foi uma surpresa das mais prazerosas, e reforçou o meu propósito de servi-los cada vez melhor através das nossas escolas. A minha missão estava mais viva do que nunca.

Por outro lado, entendi que precisávamos devolver os quatro meses de mensalidade que recebemos sem prestar os serviços e, para isso, criamos vouchers que poderiam ser usados em produtos e serviços. Em pouco mais de um ano após o retorno às atividades, já havíamos retornado quase tudo. Passamos pelo teste da pandemia ainda mais fortalecidos.

No lado pessoal, assim que fomos obrigados a ficar em casa, pouco podíamos fazer. Enxerguei a oportunidade de dedicar-me ainda mais aos estudos, e assumi o compromisso de ler religiosamente uma hora por dia, no mínimo. Há muito tempo eu vinha querendo desenvolver o hábito, e consegui. Comecei com uma hora, e aumentei até o marco de dois livros por semana.

Também mantive uma rotina de exercícios de uma hora – tenho uma pequena academia em casa, onde a minha família faz as suas atividades.

Lendo a obra *A Lógica do Cisne Negro* de Nassim Taleb, deparei-me com reflexões sobre a mídia e sobre como somos manipulados. Ele compara o tempo perdido à frente da TV, jornais e até rádio, destacando o quanto isso é prejudicial, uma vez que consumimos apenas a notícia filtrada por interesses de grupos – não necessariamente, para não dizer quase nunca, dedicadas à verdade. Sempre fiz questão de estar "informado". Atualmente, percebo que deveria dizer "manipulado".

O questionamento levantado por Taleb é simples. "Quem aprenderá mais: uma pessoa que assiste a duas horas de notícias por dia ou quem troca essas horas por leitura de grandes obras literárias?" Duas horas por dia, no ritmo dele, significariam cem livros por ano. Aquilo caiu como uma bomba na minha cabeça, e decidi mudar imediatamente. Desde então, nunca mais assisti aos noticiários na TV.

A leitura diária é, sem dúvida, objeto de constantes transformações na minha vida. Comecei com Jordan Peterson, ainda pouco conhecido da maioria dos brasileiros, e ele me abriu um outro arsenal de escritores. Alexander Soljenítsin, que me despertou o interesse pelos autores russos, Dostoievski, Tolstói, Gogol e toda a história do país desde a dinastia Romanov.

O meu mundo vem aumentando, ao lado da certeza de que nunca saberei o suficiente – outro aprendizado do jiu-jítsu.

A curiosidade sobre a pandemia, e sobre como lidar com algo tão inusitado, me levou à obra de John M. Barry, *A grande gripe*. O livro é um relato sobre a doença que acometeu uma enorme parte da população no final da Primeira Guerra Mundial. A devastação atingiu principalmente jovens, e apareceu nos campos de treinamento militar no Kansas nos EUA, onde preparavam-se os soldados. Nesse episódio, houve uma forte manipulação da mídia para esconder a doença – e o mesmo aconteceu em quase todos os países da Europa – no intuito de minimizar o problema e manter o moral das tropas alta.

Como a Espanha, por não estar envolvida no conflito, não controlou a mídia para esconder os casos, muitos criam que era o local mais afetado – daí o nome "gripe espanhola", uma leve manipulação que nos faz entender bem o perigo do poder de quem detém a narrativa.

O livro segue descrevendo as medidas tomadas pelos governos, totalmente perdidos e ineficazes, criando *lockdowns* e fechamento de fronteiras na tentativa de conter o vírus, todos absolutamente fracassados. O uso de máscaras também não foi exclusividade de nossos tempos, adotados há mais de cem anos, quando dois ciclos do vírus atingiram com força a Europa matando milhares de pessoas em uma das mais mortíferas pandemias dos tempos modernos.

A ciência correu para tentar descobrir um antídoto, e disputas entre médicos com diferentes linhas de pensamento não chegaram a uma conclusão da causa e nem mesmo do patógeno responsável pela doença – tudo muito semelhante ao que vivemos em 2020.

Comecei a questionar as medidas tomadas de forma arbitrária e sem a menor sensibilidade para com o povo, como o impedimento ao trabalho, fonte de sustento. Em nome da ciência, os interesses políticos falaram mais alto, a busca por poder e controle tomou conta de líderes por todo o mundo, as informações sobre uma doença com um índice de mortalidade baixo levaram pânico a toda a sociedade.

Nada fazia sentido, mas a argumentação era difícil, geravam acusações sobre a falta de empatia para com os outros, principalmente idosos.

Depois de alguns meses e um prejuízo considerável ao comércio, voltamos ao convívio em restaurantes e academias – com o uso obrigatório de máscaras.

A hipocrisia escancarada, assim como a fragilidade do povo em se defender de abusos contra as suas liberdades individuais, era refletida em regras: nos restaurantes, poderíamos ficar sem máscara enquanto sentados, mas deveríamos vesti-las para ir ao banheiro. Era o mesmo que dizer que o vírus só atinge quem está de pé.

Como esse exemplo, outros tantos foram observados. Como não contestar medidas tão esdrúxulas? Como acreditar em absolutamente tudo o que os jornais e os políticos, defendidos ou atacados pela mídia, nos falavam?

As pessoas se tornaram "fiscais de máscara", e se inflavam como se fossem as únicas virtuosas do mundo. Eram manipuladas de uma forma que nunca tínhamos testemunhado.

Essa fase estava longe de acabar. Vacinas foram finalmente lançadas no mercado, em um grande esforço mundial coordenado pela Big Pharma, com personagens do meio empresarial servindo de garotos-propaganda para o que seria a única forma de voltarmos à normalidade.

Disputas políticas e científicas tomaram o palco, embora a grande mídia divulgasse apenas os argumentos do interesse de um grupo, calando e cancelando qualquer voz dissonante da narrativa imposta ou que apenas questionasse a eficácia e seus efeitos colaterais, tudo em nome da ciência.

Passava-se, assim, por cima de um princípio científico básico: colocar a teoria sob escrutínio público. Os médicos que contestaram foram apagados dos anais, perdendo qualquer espaço na imprensa e sendo bloqueados em suas redes sociais.

A censura renasceu em muitos lugares do mundo, inclusive no Brasil.

CAPÍTULO 30
Faixa coral

Com a trégua dada pela pandemia no final de 2020, mesmo mantidas muitas restrições, a vida começou a voltar ao normal.

Em 23 de outubro do ano seguinte, completei trinta e um anos de faixa preta. E foi o último, pois recebi a simbólica vermelha e preta, 7º grau, conhecida como a faixa coral. Nela, se inicia a fase de mestre, que segue por mais sete anos até a faixa vermelha e branca, 8º grau. Depois, mais nove anos até a última, a faixa vermelha, 9º grau. O 10º é reservado apenas aos fundadores do jiu-jítsu brasileiro, os cinco irmãos Gracie – Carlos, Oswaldo, George, Gastão e Hélio.

Eu sempre soube que, se me mantivesse vivo e saudável, seria uma questão de tempo até alcançar essas graduações. Como pretendia não abandonar a arte marcial, esperei sem ansiedade.

O diploma é entregue pela IBJJF e o recebi no escritório. O ritual no tatame foi realizado com o meu aluno, Michael Langhi, que assumiu a honra de amarrar a nova faixa na minha cintura.

A coral, assim como todas as demais, não muda quem você é e nem o quanto precisa continuar estudando e aprendendo, muito embora eu tenha tomado uma decisão importante com a vinda dela.

Cuidando da Alliance, acabei ficando mais no escritório do que no tatame. Michael já havia assumido a liderança da academia, e entendemos que, a partir daquele momento, eu não deveria mais indicar alunos a faixa preta, que passaram a ser graduados pelo Michael. Minha lista parou no número 139, todos lembrados e relacionados ao final desse livro.

Recebi uma linda homenagem da turma do escritório que organizou um jantar com alunos, amigos e familiares para celebrar essa nova graduação e deixar marcada mais uma conquista na minha carreira.

CAPÍTULO 31

Aproveitando o tempo parado

Uma segunda onda de pandemia nos forçou a fechar a academia novamente. Dessa vez, aproveitei a oportunidade para cuidar do corpo. O ombro operado em 2014 mandava sinais de dor. Então, marquei uma nova consulta com o dr. Benno, quando descobri que o restante de cartilagem havia sumido. Uma nova cirurgia foi necessária – e não uma artroscopia, mas uma cirurgia aberta com o objetivo de colocar uma peça de titânio para cobrir a cabeça do úmero de forma que eu pudesse voltar a ter o movimento da articulação liberado.

A cirurgia foi um sucesso, mas a recuperação não foi muito fácil, como já esperávamos de uma intervenção desse porte. A lesão tinha muitos anos e a musculatura estava um tanto desarrumada em suas funções. Apenas muita disciplina me deixou funcional novamente.

Com o ombro 70% recuperado, chegou a vez do quadril, que já vinha me incomodando há bastante tempo. Novamente falei com dr. Benno, que me indicou outro especialista, o dr. Roberto Dantas.

Essa cirurgia era bem mais assustadora, significando cortar a cabeça do fêmur, inserir uma haste de titânio e porcelana, que se encaixaria em outra peça fixada no lugar do acetábulo – uma prótese total. Eu não conhecia ninguém que tivesse voltado a treinar depois da intervenção, mas não restavam opções: a minha qualidade de vida diminuíra consideravelmente, ao ponto de que até caminhar passou a ser um grande incômodo.

Foi mais um problema que precisei enfrentar, mas coloquei na minha cabeça que voltaria a treinar sem limitações. Seis meses após a cirurgia do ombro, fui novamente admitido no Hospital Albert Einstein.

Quando acordei da intervenção, que garantiu o encaixe perfeito da haste intramedular em meu fêmur, tive a sensação de ter lutado contra um urso; literalmente ferido. Em 24 horas, iniciamos a fisioterapia. Muito motivado, comecei a me recuperar, fui para casa e segui melhorando um pouco a cada dia.

Os exercícios aumentaram. Passei a pedalar com dez dias de cirurgia, e fui intensificando até que, passados sessenta dias, o fisioterapeuta concordou que eu voltasse para o jiu-jítsu.

Convidei um de meus melhores professores da academia para ajudar. Caio Rigante foi à minha casa duas vezes por semana por dois meses para que eu pudesse fazer as técnicas e os movimentos possíveis. Evoluí bastante e, com quatro meses, o pior havia passado e eu estava de volta às aulas na academia.

Convivi com alguma limitação por mais algum tempo – eu tentava fazer os movimentos como antes – e, aos poucos, fui me sentindo totalmente recuperado. Superando a incerteza sobre voltar ou não ao jiu-jítsu, estava muito animado, feliz e me sentindo muito melhor do que alguns anos antes, quando precisei conviver com muitas dores.

Hoje, ainda me pergunto se todos os movimentos que fiz para sair da frente da academia foram influenciados por essa fase em que deixei de acreditar na recuperação do meu corpo. Conforme ficamos mais velhos, tendemos a aceitar as piores performances. Isso é natural. Porém não temos consciência de quanto poderíamos estar bem se simplesmente não nos conformássemos.

Independentemente da idade, se fizermos o máximo por nós mesmos, cuidarmos do corpo através de exercícios de intensidade, adotarmos uma dieta limpa, atentarmos ao sono e mantivermos a mente sempre em processo de aprendizado, nossa vida terá mais qualidade. A receita não parece complicada, mas a verdade é que muitos não se disciplinam para fazer.

Todas essas atitudes estão diretamente interligadas. Uma boa quantidade de exercícios intensos, de preferência com algum grau de competitividade, leva-nos a uma responsabilidade com o principal combustível de energia – a sua alimentação. Arrumando essas duas coisas, invariavelmente o seu sono ganhará muito mais qualidade e a sua saúde atingirá ótimos níveis.

Durante a minha vida adulta, já cheguei me sentir melhor, mais disposto e mais saudável em comparação a outros momentos em que era mais jovem, tudo porque fui me tornando mais disciplinado com o que é realmente importante para minha saúde. Deixar de fazer o certo pela desculpa "estou velho" parece-me a receita para uma vida improdutiva e cada vez mais difícil, que em pouco tempo vai gerar uma total dependência de outras pessoas e uma péssima qualidade. Logo, precisamos sempre fazer o melhor que pudermos até que o pensamento domine todas as esferas da nossa vida.

Não buscar o fácil, lidar com o sacrifício e com o desafio, isso fará com que você tenha uma vida em constante evolução.

CAPÍTULO 32

Uma nova fase

Saímos da pandemia com a convicção de que todos precisamos ainda mais de uma fortaleza como o jiu-jítsu. Fiquei chocado com a fragilidade e insegurança das pessoas e sei que a prática pode ajudá-las a se tornarem mais seguras, confiantes e corajosas. A missão de transformar vidas seguiu firme e cada vez mais clara em minha mente.

O jiu-jítsu sempre foi visto como uma arte marcial eficiente e, por isso, atraiu milhões de pessoas para os seus tatames. No entanto, comecei a questionar o que segurava as pessoas na prática por muito tempo.

Certamente existia algo mais a ser explorado no campo da comunicação – como "vendíamos" o jiu-jítsu – e, se realmente quiséssemos criar um impacto na sociedade, precisaríamos atingir uma nova camada, aqueles que desconheciam os benefícios que ele traz para as suas vidas.

Logicamente, "defesa pessoal" é um diferencial. Com apenas alguns meses de treino, o aluno já se sente apto a se defender. Ao invés de parar, muitos continuam. O treinamento pode ser duro e difícil, mas os que insistem, adoram. Não dificilmente vemos as suas vidas realmente se transformarem, seja na aparência física – sempre mais saudável –, seja na postura e energia.

Buscando respostas, durante a pandemia, fiz algo que há muito tinha curiosidade: um curso em Harvard. Pedi uma recomendação a Florian Bartunek, e ele indicou *"Disruptive strategy"*.

Ainda inseguro se daria conta da dinâmica e se conseguiria acompanhar bem as aulas, fiz a matrícula. Foram oito semanas intensas de estudo e uma experiência muito válida, com vários insights, inclusive estratégias que já vinha aplicando em meu negócio.

Descobri uma plataforma de aulas de marketing, a *Section 4*, liderada pelo professor Scott Galloway da New York University (NYU), e matriculei-me em um curso chamado *"Brand strategy"*.

Convidei a Camila, nossa diretora de marketing, para fazermos juntos. Foi um *sprint* de 21 dias, para o qual levamos a nossa dor sobre como comunicar a Alliance e o jiu-jítsu não só para os nossos clientes diretos (as filiadas) como também para o aluno na ponta final.

Debruçamo-nos no estudo das possibilidades de apresentação da marca e de comunicação do jiu-jítsu. Ao final, enviamos um projeto completo sobre o problema e os caminhos para solucioná-los. A despeito do exercício em si já ter sido muito válido, a Camila apresentou um trabalho denso em conteúdo e graficamente lindo. Então, inscrevemo-nos para o que seria a última aula magna com o professor Scott Galloway.

Não conhecíamos a dinâmica. Ele fez um resumo de todo o curso e analisou os três melhores projetos. Dentre os mil enviados, para a nossa surpresa, o nosso estava lá, compartilhado na tela, e a arte marcial exposta como um negócio de destaque em uma das melhores e mais conceituadas plataformas de marketing do mundo.

Vivi essa sensação de orgulho em outros cursos e aulas que fiz em Harvard, para os quais sempre fiz questão de levar a Alliance e o nosso modelo de negócio para discussão.

Comecei a perceber que o que sempre acreditei estava chegando perto de se tornar realidade. Não era hora de relaxar; pelo contrário, precisávamos de mais empenho, e a chave estava na comunicação.

Aprendi jiu-jítsu com o Jacaré que, em suas explicações, sempre usou analogias para que pudéssemos compreender melhor a técnica e principalmente o que é invisível – coisas como *timing* e conexões que o movimento proporcionaria. Usar algo conhecido como referência para que o nosso interlocutor tenha um melhor entendimento é a mais eficiente forma de comunicação.

O jiu-jítsu, para ser grande como sempre sonhei, precisava avançar e se tornar não só uma arte marcial eficiente – sem o que nada teria sentido –, mas uma ferramenta de desenvolvimento pessoal, na qual encontram-se as respostas para uma vida virtuosa.

Como fazer isso chegar nas pessoas que nunca praticaram jiu-jítsu? Como fazer com que experimentassem um pouco desses benefícios? O hábito da leitura me trouxe as respostas.

A filosofia, e as tentativas de entender o ser humano, imediatamente me levaram a fazer relações com o que vivíamos na luta, como a prática do jiu-jítsu nos reforçava esses conceitos, e comecei a levar isso para os alunos. Meu objetivo era fazê-los perceber o que os treinos representavam na vida deles fora dos tatames.

Recebi centenas de relatos sobre como fazia sentido – focar no possível é essencial tanto para a prática do jiu-jítsu quanto na solução de problemas na vida. A consistência mostra resultados ao longo do tempo, é um dos tantos conceitos fundamentais para se ter uma boa vida.

Minha missão de levar o jiu-jítsu para uma maior quantidade de pessoas foi renovada. Como em muitos momentos antes, senti que poderíamos ir ainda mais longe. Não se tratava apenas da mais eficiente luta do mundo, mas de uma ferramenta poderosíssima de transformação de vida.

A sociedade ocidental, ao mesmo tempo que vive o auge do conforto e da praticidade, carrega o peso de se afastar de valores e virtudes.

Vemos uma juventude acostumada à lei do menor esforço e viciada em dopamina, um grupo que não valoriza as coisas e tem a falsa ideia de que as conquistas não serão perdidas.

Mas o mundo nos conta uma história diferente e, por isso, precisamos estar sempre focados ao próximo movimento. Afinal, a luta só estará vencida quando o juiz levantar o seu braço.

Resolver um problema alerta para o próximo, e devemos nos preparar. O desejo de não ter percalços muitas vezes faz com que as pessoas se escondam e não se arrisquem na esperança de que a zona de conforto dure um pouco mais. Essa ideia faz com que deixemos na mão dos outros o nosso destino, usando da desculpa – desculpa, a negação da culpa –, e não nos responsabilizando pelo que nos acontece.

O jiu-jítsu não nos permite afastar a responsabilidade por nossos atos – os seus erros são seus. Analisá-los, treinar e praticar constantemente são a única forma de corrigi-los. Reclamar não adianta; justificar-se não gera qualquer tipo de empatia em um meio onde as pessoas geralmente pagam o preço da derrota e lidam com os fracassos de uma forma positiva – refletindo, aperfeiçoando, trabalhando.

CAPÍTULO 33

Obstáculos

Eu já estava treinando sem nenhuma limitação quando comecei a sentir uma pontada no quadril direito. O dr. Dantas havia me avisado sobre o desgaste nos dois lados, mas àquela ocasião apenas o lado esquerdo incomodava. Talvez eu nunca precisasse fazer nada com o lado direito e eu imaginei que, por ser mais flexível, realmente não viesse a ter problemas.

Novamente a solução seria cirurgia – artroplastia total de quadril. Com uma nova prótese, será que eu conseguiria voltar a treinar jiu-jítsu?

Não esperei nem mais um segundo. Uma vez diagnosticado, marquei o procedimento com total confiança de que daria certo. O médico fez mais um trabalho impecável e, pouco mais de 24 horas depois, eu já estava em casa.

Então, programei-me para fazer uma recuperação ainda melhor: eu já sabia o protocolo, os pontos nos quais precisaria me limitar e esperar a cicatrização. Sabia que a primeira semana seria difícil, mas, depois, melhoraria rapidamente.

A disciplina e a dedicação deram resultado e, em um mês, tive alta e voltei ao tatame para iniciar minha total recuperação.

Todos desejamos não ter problemas e, quando saímos de um, acreditamos que merecemos um descanso antes de enfrentar o próximo. No entanto, trata-se de uma visão romântica e descolada da realidade. Enfrentamos muitas dificuldades que independem de nossa vontade ou controle, e os percalços podem acontecer de forma totalmente aleatória. Devemos estar prontos. Para isso, colocamo-nos em um lugar de desenvolvimento constante – independentemente do momento, o meu dia deve rumar para a auto evolução, para a minha melhor versão. É isso que me prepara para o imponderável, para o desconhecido, para o aleatório.

O conceito de antifragilidade precisa ser colocado em nossas vidas, e só existe uma forma de fazer isso: com a prática das coisas que são corretas.

Devemos deixar de ser escravos de nossos vícios e vontades sempre relacionados ao prazer e ao conforto, e começar a ver a importância do sacrifício. Isso nos impõe a recompensa a longo prazo ao invés do prazer imediato, e é com isso que precisamos nos acostumar.

A beleza de plantar reside na recompensa de colher.

Na luta, vemos uma fortaleza ser construída ao longo dos anos por atitudes corretas, pela busca de conhecimentos e cuidados com a saúde. Não podemos vencer por sorte ou movimentos aleatórios, mesmo que isso não pareça verdade se olharmos em uma janela de tempo reduzida.

O valor do sacrifício está traduzido de forma brilhante em um belíssimo discurso do então presidente do Estados Unidos, Theodore Roosevelt, na Universidade Sorbonne em Paris em 23/4/1910. O texto ficou conhecido como *O homem na arena* e transcrevo a seguir:

> Não é o crítico que importa; não aquele homem que aponta como o homem forte fraqueja, ou onde aqueles que realizaram algo poderiam tê-lo feito melhor. O crédito pertence ao homem que encontra-se na arena, cuja face está manchada de poeira, suor e sangue; aquele que esforça-se bravamente; que erra, que se depara com um revés após o outro, pois não há esforço sem erros e falhas; aquele que esforça-se para lograr suas ações, que conhece grande entusiasmo, grandes devoções, que se entrega a uma causa nobre; que, no melhor dos casos,

conhece no fim o triunfo da realização grandiosa, e quem, que no pior dos casos, se falhar, ao menos falha ousando grandemente, para que seu lugar jamais seja com aquelas frias e tímidas almas que não conhecem vitória ou fracasso.

CAPÍTULO 34
O jiu-jítsu no *hype*[41]

O jiu-jítsu vive hoje, talvez, o seu momento de maior influência. O trabalho de divulgação esportiva feito pela IBJJF ao redor do mundo levou incontáveis professores a estabelecerem suas academias e entregar a arte a milhões de pessoas. Alguns se tornaram grandes embaixadores, reforçando exatamente o que venho defendendo ao longo desse livro e dos quarenta anos dedicados à arte.

Levar o jiu-jítsu para a maior quantidade de pessoas, fazê-lo ser entendido não só como uma luta eficiente, mas como uma ferramenta de auxílio na solução de problemas e evolução de todos nós enquanto sociedade, divulgá-lo como veículo auxiliar no desenvolvimento de virtudes, capaz de tirar o praticante da zona de conforto e despertar sua coragem, sua ética e a consciência de construção de longo prazo.

Hoje, a arte marcial está chegando às pessoas por meio de personalidades admiráveis, *v.g.* o comunicador e faixa preta americano Joe Rogan, que lidera o maior podcast do mundo com audiência média de onze milhões de expectadores; Jocko

---

41. *Hype*, em inglês, significa "moda". É usado em substituição ao vernáculo em alguns lugares do Brasil.

Willink, escritor best-seller e palestrante; a modelo brasileira Gisele Bündchen, faixa roxa.

Kelly Slater, o maior surfista de todos os tempos, disse publicamente a todos os pais: "coloquem seus filhos no jiu-jítsu antes de qualquer esporte". Essa lista continua e onde quer que se vá hoje em dia, a arte marcial é cada vez mais conhecida.

Será que todos os professores estão preparados para receber essa demanda? Acredito que não. Precisamos despertar, em todos os praticantes, e principalmente nos profissionais, a necessidade de levar o jiu-jítsu de forma mais ampla para os seus alunos, de sair da visão estreita de exclusivamente preparar atletas para competição, entendendo que as pessoas têm diferentes objetivos na vida e que ser competidor é algo cada vez mais limitado devido às dificuldades para ser um atleta de alto nível.

Qualquer um pode se beneficiar do jiu-jítsu como ferramenta de desenvolvimento. Aprender a filosofia que existe dentro da arte marcial é benéfico para todas as pessoas, desde que a academia saiba separar os diferentes grupos para que todos possam aproveitar a prática da melhor forma.

As minhas falas de final de aula no tatame com os alunos, nas quais sempre procuro reforçar os conceitos que aprendemos, começaram a se espalhar pelas redes sociais e, com elas, vieram muitos convites para palestras. Um dos primeiros partiu de Tallis Gomes, uma das mais brilhantes mentes empreendedoras do Brasil, fundador da Easy Taxi e da G4 Educação. Ele percebeu que o brasileiro empreendedor é um herói ao vencer todas as dificuldades do país, mas que há uma janela de oportunidades para oferecer algo mais estruturado aos empresários de pequeno e médio porte. Tallis me convidou para ser mentor de um dos programas da G4 Educação, junto com o ex-comandante do Batalhão de Operações Especiais do Rio de Janeiro, o coronel Maurílio Nunes. A ideia era tratar de liderança sob pressão extrema.

Fizemos diversas turmas com bastante sucesso, e isso abriu outras portas para seguir como palestrante e levar o jiu-jítsu ainda mais longe. Principalmente, me trouxe um outro insight importante, através de uma *network* sensacional promovida com esmero pela equipe do G4.

As conversas durante os intervalos sempre são muito ricas e, em uma delas, um aluno curioso pelo modelo de negócios da Alliance fez a seguinte sugestão: comprarmos um percentual de todas as filiadas, de modo que controlasse melhor a entrega do serviço e protegesse a marca.

Scott Galloway já havia me introduzido o termo *"freezing point"*, que se refere a até onde aceitamos as diferenças entre nossas escolas. Quanto mais elevado, melhor para a marca.

Isso ficou na minha cabeça por algum tempo e finalmente decidi que deveríamos partir para uma nova vertical de negócios. O objetivo era subir a barra na entrega do jiu-jítsu em "lojas" muito bonitas e agradáveis, além de criar uma fonte de renda para a empresa. As *flagships*, as academias-modelo dessa nova visão, nos ajudam nesse caminho.

Retomei, então, uma conversa que tive há alguns anos com um aluno que se mudou para Londres, quando vislumbramos a possibilidade de montar uma Alliance por lá. Pensei que essa seria a melhor oportunidade para iniciar o plano – ter uma academia-modelo no centro do mundo seria sensacional. Evoluímos as tratativas e ele decidiu realizar o negócio comigo. Expliquei que não seria exatamente comigo e, sim, com a Alliance como empresa, e que os sócios estavam muito animados.

Em alguns meses, conseguimos um imóvel que atendeu perfeitamente a todas as nossas aspirações. Situado no bairro do Chelsea a 30 metros do rio Tâmisa, era lindo, e entregamos a missão da arquitetura para a minha esposa, Carolina, que entende todas as necessidades de uma academia de jiu-jítsu e como eu queria elevar o nível da entrega em nossas escolas.

A instalação não foi fácil, as permissões e negociações com o proprietário atrasaram muito, mas seguimos firmes pois sabíamos que uma hora tudo se resolveria.

Nesse ínterim, apareceu um imóvel de 820 metros quadrados no bairro dos Jardins, em São Paulo, lugar perfeito para outra *flagship* da Alliance. Mas eu não poderia, por motivos éticos, vender a academia para o Michael e logo montar outra. Precisava envolvê-lo no processo.

Embora um pouco desconfiado e não tão seguro, ele confiou, assumindo a direção da Alliance Jardins, que veio a ser a primeira academia-modelo inaugurada, em fevereiro de 2023. Com dois meses, atingimos o *breakeven* e, em um ano e meio a marca de 460 alunos.

Em julho do mesmo ano, finalmente inauguramos a joia Alliance London, com dois dos nossos melhores professores: Henrique Rezende, o Piuhim, e Renata Marinho.

Acabamos, então, percebendo o grande problema do nosso crescimento: a dificuldade para conseguir professores qualificados.

Alguns anos antes, o Gigi criou o Instituto Alliance com a ideia de dar oportunidades para que meninos e meninas das comunidades do Rio de Janeiro pudessem treinar e competir. Contando com apoiadores, o projeto funcionou por um tempo. Todavia, com a mudança dele para os EUA, vimos a necessidade de reorganizar o instituto para atender a demanda necessária do time de competição e, principalmente, construir o que entendíamos ser fundamental para o nosso crescimento, a formação de profissionais de jiu-jítsu.

Os atletas teriam uma ótima condição de desenvolvimento técnico e suporte financeiro para que pudessem atingir o seu máximo. Concomitantemente, entenderiam o jiu-jítsu em sua plenitude, aprenderiam a dar aulas em nossa metodologia, estudariam gestão de academias e se dedicariam a entender "pessoas". Isso estava totalmente alinhado com o que acredito ser a melhor fórmula – fazermos algo pelos outros e nos beneficiarmos também.

Assim, o Instituto Alliance não tem mais como objetivo apenas ajudar os jovens menos favorecidos, mas pavimentar um caminho para que possam realmente viver de jiu-jítsu e ajudar-nos a seguir trilhando a nossa missão de expandir-se pelo mundo. É um processo longo e difícil como tudo o que vale a pena.

Procurei a ISG, uma empresa especializada em projetos alimentados pela Lei de Incentivo ao Esporte, e eles me explicaram como funciona o processo de captação de recursos, bem como as responsabilidades por trás do que estávamos idealizando. Estruturamos o Instituto Alliance Brazilian jiu-jítsu para estar adequado à lei, e criamos o programa *"Fly high"*, que contemplou 24 atletas.

Dividimos em dois núcleos comandados pelos professores Mário Reis em Porto Alegre e Michael Langhi em São Paulo, e ingressamos em uma das fases mais complicadas: a busca de patrocínio. Era hora de fazer o que eu menos gosto, pedir. Por uma boa causa, fui em frente.

A lei impõe que a empresa esteja sob o regime de lucro real, o que já exclui a maioria das pequenas e médias. Além disso, só pode investir até 1% – no segundo ano de vigência, a lei alterou para 2% – do valor que pagaria de imposto ao governo em forma de renúncia fiscal, ou seja, precisam ter lucros na casa dos milhões para poder fazer alguma diferença.

No caso específico do nosso projeto, para financiar 24 atletas em viagens para competir o *Grand Slam*, além de moradia e treinamento, o custo seria de mais de R$ 1.500.000,00. Outra batalha difícil.

Com essa missão à frente, mais uma vez ficou clara a importância dos relacionamentos e o valor de uma palavra quase que mágica, credibilidade. Tento ensinar aos meus alunos e, principalmente, aos jovens do instituto, a lição que aprendi com o meu pai muito cedo: ser confiável, não negociar sua palavra e sua honra, construir uma imagem sólida ao longo dos anos.

Em uma vida, muitas pessoas são cooptadas pelo conveniente. As oportunidades que parecem um atalho dão recompensas imediatas, que podem trazer um bom dinheiro ou até mesmo uma posição de maior prestígio. Muitas vezes, você sabe que não é a atitude correta, pois geralmente passa por cima de conceitos que não devem ser flexíveis, ou pisa em alguém na subida – até mesmo em quem ajudou, a famosa ingratidão.

Todas as tentações a que somos submetidos ao longo da vida vão nos forçando a tomar decisões por vezes difíceis, mas também moldam o nosso caráter e constroem a credibilidade, um dos valores mais admiráveis que podemos encontrar nas pessoas.

Comecei a conversar com pessoas que pensei poderem ajudar. Normalmente esses patrocínios acontecem no último trimestre do ano, em decorrência do fechamento fiscal das empresas.

Conseguimos três apoios de peso para nosso primeiro ano de projeto: BTG, Fundo Gávea e PetroRio. O valor total arrecadado era de quase metade do projeto inicial, e precisaríamos ajustar os custos – o que é bastante comum nesse tipo de ação incentivada. No início do ano, percebemos que só teríamos verba suficiente para o Mundial e sequer poderíamos financiar os outros torneios – Europeu, Panamericano e Brasileiro.

Não controlamos os prazos e o tempo de todas as pessoas envolvidas, um processo bastante burocrático. Corremos com o máximo que pudemos, mas éramos muito inexperientes e nos deparamos com diversos obstáculos com que não contávamos.

Tínhamos uma boa parte do dinheiro, o projeto aprovado em Brasília e acreditávamos que tudo daria certo. No entanto, o tempo estava apertado e ainda teríamos de passar pela comissão da Secretaria do Esporte para liberação dos recursos. Sem isso, nada feito.

A reunião foi marcada na última data possível, algumas semanas antes do Mundial, mas o nosso projeto não foi colocado à mesa. Estávamos sem verba.

Nossos atletas treinavam com uma dedicação que nos enchia de orgulho, e essa notícia foi um banho de água fria. Muito provavelmente metade do time não conseguiria ir sem o patrocínio.

Decidimos arcar com os custos pela Associação e, se possível, depois reembolsaríamos quando o financiamento fosse liberado – e sequer sabíamos que isso nunca aconteceria. O mais importante era levar nosso time completo e recuperar o título que havíamos perdido em 2021.

O Mundial estava de volta à pirâmide da universidade de Long Beach na Califórnia, lugar tradicional desde que os campeonatos saíram do Brasil e passaram a ser realizados nos EUA. A nossa equipe disputava na pirâmide desde 2007 e, lá, vencemos nada menos do que dez edições, depois dos dois campeonatos no Brasil em 1998 e 1999.

Competimos com o time completo. Fomos campeões pela 13ª vez.

CAPÍTULO 35

O jiu-jítsu fora do tatame

Desde que escolhi fazer, do jiu-jítsu, a minha vida, entendi que precisaria estar sempre pronto para as inevitáveis transições de forma a permanecer relevante em um mercado embrionário, para o qual eu enxergava um enorme potencial de crescimento. Dedicação, estudo e qualidade, e saber que os espaços seriam limitados em virtude do tamanho do nicho, são outros pontos que sempre levei em consideração. Como já explicado anteriormente, qualquer falha no processo custaria muito.

Se eu tivesse errado na primeira transição – de atleta competidor para professor –, a minha vida no jiu-jítsu teria sido bem mais curta. Da mesma forma, ter sucesso nesse movimento era uma garantia de apenas um pouco mais de tempo, alguns anos talvez. Sem o conhecimento de gestão, e consequentemente de liderança e formação de times, não se constrói uma academia de sucesso.

Mudar é sempre difícil, porque carrega o peso de se tornar o último da fila naquela nova função. Já falamos sobre isso nesse livro. Eu era atleta, quatro vezes campeão mundial, e tornei-me um professor fraco. Depois, aprendi e evoluí, passando a entregar para os alunos aulas de melhor qualidade. Posteriormente, tornei-me gestor de academia, atribuição na qual eu era uma piada. Mais uma vez precisei estudar. Nessa época, além de professor, era líder da equipe de competição – atribuição na qual eu precisava lidar com egos e vontades diversas.

Fazer várias coisas ao mesmo tempo me ensinou a viver as etapas de forma mais suave. Consegui me tornar o executivo de uma empresa, a Alliance, onde tenho o dever de trilhar um caminho de sucesso na missão de impactar a vida das pessoas por meio da arte que escolhi.

Ao longo desses mais de quarenta anos de jiu-jítsu, vivi uma série de situações que foram moldando a pessoa que sou e reforçando a educação que tive. Porém, a minha forma de comunicar as motivações das minhas atitudes e sentimentos não era muito clara. A leitura e os estudos foram, aos poucos, mudando isso.

Quanto mais entendi quão importante é buscar uma vida de virtudes, mais as relacionava aos conceitos do jiu-jítsu. O código de honra adotado pelos grandes líderes mundiais é diretamente relacionado ao que eu vivo no tatame todos os dias, ainda hoje.

As virtudes estoicas – coragem, sabedoria, temperança e justiça – e as virtudes cardeais – prudência, justiça, fortaleza e temperança – se encaixam exatamente no modo como busco viver.

CAPÍTULO 36

As virtudes

CORAGEM
Lutar com honra e afinco.
(Cultura Alliance)

Essa talvez seja a minha virtude favorita, pois entendo que, dela, derivam todas as outras. Sem ela, nada é possível.

Normalmente, a primeira coisa que vem à mente quando pensamos em coragem é o medo, mas não deveria ser assim. Ele é apenas mais uma emoção sobre a qual não temos escolha – sentir ou não, e quando.

As coisas acontecem ao nosso redor e, na maioria das vezes, fora de nosso controle. A questão central é como reagir a ele.

No meu entendimento, é como se estivéssemos em uma bifurcação e precisássemos decidir qual caminho pegar. O primeiro é o do enfrentamento das causas do medo, o segundo é o da covardia, fugir e tentar se esconder daquilo que nos causa desconforto.

Poderíamos aqui fazer um paralelo com a jornada do herói, estrutura simbólica que traça o ciclo de uma sequência de eventos, frequentemente usado para obras da literatura e do cinema. Descrita no livro de Joseph Campbell, *O herói de mil faces*, representa um chamado à aventura em uma vida comum. Seguir rumo ao desconhecido e ao incerto, fugindo dos limites do que é seguro, exige uma dose de coragem considerável.

E somente após isso é que tem início uma jornada virtuosa, na qual mentores são encontrados, desafios são superados, derrotas são sentidas e transformações são necessárias para o aprendizado real, para que se enxergue o propósito da vida.

No caminho da covardia, muitas vezes as pessoas são tentadas com a desculpa do não enfrentamento, na esperança de conseguirem se esconder do problema que as incomoda. Não me parece uma boa escolha por alguns motivos.

Inicialmente, não soluciona o problema, o que pode – e invariavelmente vai – causar um novo encontro com a mesma situação. É como adiar a resolução permitindo que a questão cresça e se fortaleça.

Depois, não lidaremos com pessoas virtuosas que se predispõem a correr o risco em nome de algo que acreditam, entendem a dificuldade do enfrentamento e estão dispostas a estender a mão. Geralmente, elas são empáticas e sensíveis às dificuldades.

Na estrada da covardia, encontramos inveja, preguiça e trapaça. Quem percorre esse caminho foge das responsabilidades e tem na autoproteção o principal valor. Não se doam por nada e por ninguém, logo são o exato oposto das virtudes que descrevi acerca da estrada da coragem.

Tem um ditado conhecido no meio da luta que diz "mais vale um dia vermelho de sangue do que a vida amarela de medo". Ele faz referência aos que fogem da luta ao invés de enfrentar a possível derrota.

Enfrentar os problemas com coragem não significa ser inconsequente e irracional, mas acreditar que é possível viver sem controle das nossas emoções é uma utopia perigosa, pois você corre o risco de se tornar um covarde – a pior característica que um ser humano pode ter.

A coragem pode ser treinada com bastante frequência. Certa vez, eu caminhava com a minha cadela, um mastim inglês de nome Milka e já estava voltando para casa quando percebi um pitbull correndo em nossa direção, solto e claramente vindo para nos atacar. Convivi com muitos animais dessa raça durante a minha juventude no Rio de Janeiro, alguns treinados para a briga e outros extremamente dóceis. Em geral, são amigáveis com seres humanos, mas nem tanto com outros cachorros.

 Dei um tranco na coleira de Milka para que ela percebesse a ameaça, mas o outro animal foi mais rápido e trombou nela com força, partindo para mordê-la. A Milka teve o reflexo de virar o corpo para afastar o pescoço do agressor, que a mordeu na lateral superior do quadril. Ouvi o grito de dor do mastim e o rosnado do pitbull.

 Após firmar a mordida, o animal começaria a puxar e rasgar a Milka. Não tive dúvidas: agarrei as bochechas do pitbull e as empurrei de encontro ao corpo do mastim para que não conseguisse rasgar nem mudar a abocadura para um lugar vital. Enquanto ele tentava tracionar para trás, eu empurrava para frente e a Milka gritava de dor.

 Longos segundos se passaram até que o dono, meu vizinho, chegou à cena completamente perdido e sem saber o que fazer. Orientei para que segurasse as patas de trás do cachorro dele, que perderia a tração e talvez soltasse. Ele fez o que falei, mas não adiantou. O pitbull não soltou a mordida, mas foi obrigado a esticar o corpo, antes encolhido. Ao fazê-lo, percebi que seu pescoço se esticou bem à minha frente. Envolvi o mais justo que pude, soltei a mão esquerda e encaixei o mata-leão mais justo e forte da minha vida. Senti o pitbull ficando mole em meus braços, até que liberou a minha cachorra.

 Em uma fração de segundos, avaliei a situação. Com a vida dele nas minhas mãos, eu poderia apertar ou simplesmente soltá-lo. Matar um animal que obviamente estava agindo por sua natureza não é razoável e vai contra todos os meus princípios. Gritei para o dono me dar a coleira e soltei o estrangulamento, colocando-a rapidamente no animal ainda mole.

 Não é difícil perceber que foi o jiu-jítsu que me proporcionou confiança e equilíbrio para mais um ato de coragem.

 Nunca me deparei com alguém que despreze essa virtude. Então, por que é tão difícil de ser encontrada? Por que alguns começaram a acreditar que não é mais necessária?

Talvez a resposta esteja novamente nas tantas facilidades que o mundo moderno proporciona, com as quais os indivíduos passaram a entender que os seres humanos terão tudo o que necessitarem, a qualquer tempo, ao seu dispor. Para que isso aconteça, entretanto, é necessária uma série de acontecimentos certos e previsíveis.

Não gosto de pensar nesse mundo perfeito, e tampouco acho que é possível. Se sequer temos a capacidade de controlar o que está ao nosso redor, o que nos leva a crer que podemos controlar todo o resto?

Prefiro confiar no meu poder de reação a coisas imprevisíveis, que sempre e invariavelmente acontecerão. Tornar-se adaptável é, sem dúvida, uma condição de sobrevivência e, muito mais do que isso, uma regra para uma vida boa.

Ser adaptável é não ser tão vulnerável, ser adaptável é segurança. Para isso, precisamos praticar, acostumarmo-nos com os erros e as falhas, corrigir a rota sem lamentações, aprender com cada derrota. Perder faz parte do processo, mas, para quem pratica, nunca é o destino. Com o tempo, começaremos a ganhar. Dificuldades sempre existirão, mas conhecê-las-emos bem e não nos incomodaremos mais com elas.

As vitórias acontecem, e aprendemos com elas. Se acharmos que é garantida, nos decepcionaremos. Só a prática corrige e ensina.

Escuto as pessoas desejarem ter começado algo há muito tempo, ou simplesmente não terem parado de fazer algo de que gostavam. Quantos me encontram e falam: "Poxa, se eu não tivesse parado, já seria faixa preta".

O "se" é uma conjunção condicional muito usada por aqueles que desistem das coisas, e esse tipo de pensamento não ajuda muito.

Há uma história árabe que conta sobre um peregrino que andava pelo deserto escaldante e desejava uma sombra. Exausto, encontrou um ancião plantando uma semente, e perguntou por que estava fazendo isso, já que a árvore deveria ter sido plantada há vinte anos. O ancião concordou e disse: "Sim, há vinte anos seria o melhor momento, pois já teríamos sombra e poderíamos descansar um pouco e nos proteger do calor. Porém o segundo melhor momento é agora. Daqui para frente, outras pessoas, e quem sabe até você que ainda é jovem, poderão usufruir".

Não devemos nos boicotar. Fazer é o melhor remédio para todas as situações. Não-fazer significa ficar à mercê dos atos de outros, ser um mero espectador da vida.

Devemos praticar, ser ativos e estar em constante movimento, só assim acharemos o nosso próprio caminho e propósito.

***

TEMPERANÇA
Usar sempre a gentileza como principal ferramenta na solução de conflitos.
(Cultura Alliance)

A reflexão à frente da reação.

Existem diversas situações no jiu-jítsu de muita dificuldade. Imaginemos um cenário onde o adversário está às minhas costas – posição de maior domínio no jiu-jítsu –, com um braço em volta do meu pescoço, pronto para me estrangular. A calma sob pressão é imprescindível para que se obtenha sucesso na defesa. No entanto, não posso querer escapar e equilibrar a luta com uma técnica apenas. Para chegar até aquele ponto, uma série de erros e decisões equivocadas foi cometida. Desfazer todo esse processo com apenas um movimento é um desejo quase infantil e bastante fora da realidade.

Em todos os momentos de dificuldade, por mais difíceis que possam parecer, há pelo menos uma ação na direção correta. Às vezes, é pequena, suficiente apenas para que não sejamos estrangulados.

Uma técnica na direção correta obriga o meu adversário a tentar recuperar o terreno perdido, e me propicia mais uma chance de usar outro movimento para me afastar ainda mais do perigo, além de forçar o oponente a se abrir ainda mais na tentativa de recuperar o controle. Eventualmente, cria espaço suficiente para sair daquela situação e reequilibrar a luta.

O principal ponto é manter as emoções sob controle e focar apenas no que é possível de ser feito, não no desejável. Lutar para ganhar aquela batalha precisa ser o seu único objetivo. Se você conseguir se concentrar nisso, receberá a consequência de um trabalho bem-feito e estará motivado para o próximo passo, e assim sucessivamente.

Todo esse processo é um aliado no combate a uma doença tão presente em nossa sociedade nos dias de hoje: a ansiedade, que nada mais é do que a projeção dos acontecimentos em um futuro incerto. Ter o poder de se concentrar no que é possível e necessário em determinado momento nos força a trabalhar no presente. Não tenho dúvidas de que a temperança é o maior aliado para se tornar uma pessoa mais calma e menos ansiosa.

* * *

SABEDORIA
Estudar, qualificar-se e compartilhar.
(Cultura Alliance)

Estar em constante busca pela evolução é uma condição básica de uma vida de propósito. Ter humildade para reconhecer que pouco sabemos diante do conhecimento do mundo traz a consciência de que devemos percorrer a estrada do estudo, certos de que nunca alcançaremos o seu fim, munidos da curiosidade de ver até onde conseguiremos ir.

A humanidade está cheia de grandes pensadores, grandes líderes, escritores, intelectuais etc. As fontes de estudo são inúmeras, mas a grande pergunta é: por onde começar? Está tarde para isso?

Nunca é tarde para tentar melhorar ou para mudar na busca de uma vida de virtudes.

Em seu livro *From strength to strength*, o autor Arthur Brooks enfatiza que a vida segue seu curso de transições e devemos constantemente redescobrir novos desafios, aprendendo novas coisas, sentindo as recompensas do nosso esforço, e isso não tem absolutamente nada a ver com a idade ou até mesmo com o que fazemos na vida.

Sua carreira não precisa ser uma linha reta, e você deve apenas se desafiar para ser produtivo, de preferência fazendo algo que faça diferença na vida de outros.

Provavelmente não existe somente um ponto de partida, embora existam boas referências e outras não tão boas. Uma coisa parece óbvia: não poderemos escapar do estudo da filosofia – o "amor à sabedoria".

De certa forma, todos os autores de hoje se nutriram com ideias dos grandes pensadores e filósofos passados. Logo, se você investigar as fontes do que lê – e eu espero que faça isso – será atraído pelo pensador original, o que talvez permita que tenha uma interpretação um pouco distinta do que estava lendo anteriormente.

Eu não acredito que a sabedoria esteja mais nos livros do que na prática. Aliás, acho esse entendimento bastante perigoso, pois pode nos levar para um caminho comum nos dias de hoje, o dos intelectuais burocratas, aqueles que leram de tudo e nunca realizaram nada, nunca se arriscaram, e nunca pagaram o preço de nenhum erro. Nossa sociedade está infestada deles.

Thomas Sowell, em seu clássico e maravilhoso livro *Os intelectuais e a sociedade*, coloca da seguinte maneira: "A confiança gerada por um conhecimento acadêmico superior pode ocultar, dos próprios membros da elite, a extensão de sua ignorância e de seus equívocos". Cuidado com o conhecimento sem prática.

> *Por isso eu pergunto a você no mundo,*
> *Se é mais inteligente o livro ou a sabedoria?*

Para responder a esses versos cantados por Marisa Monte ("Gentileza"), vou trazer uma reflexão de Platão. Em *A República*, ele explica ao interlocutor Adiamanto a dificuldade de se buscar a sabedoria:

Sabemos que facilidade no aprendizado, boa memória, vivacidade de espírito, perspicácia, paixão juvenil e magnificência, e todas as qualidades que as acompanham, raramente se prestam a desenvolver-se em combinação num intelecto disposto para uma vida ordenada, tranquila e inteiramente estável, pois os indivíduos que possuem os primeiros desses atributos são impulsionados por sua vivacidade de espírito para onde o acaso os conduzir, sendo totalmente destituídos de estabilidade. Por outro lado, os estáveis, pouco volúveis, que não se amedrontam facilmente em batalha, e os quais são mais úteis por serem mais confiáveis exibem uma conduta idêntica quando se trata de aprenderem. É difícil despertá-los para o estudo, aprendem com dificuldade, como que entorpecidos, e se mostram marcantemente sonolentos e a bocejar toda vez que precisam se esforçar para aprender. E, no entanto, dizemos que um indivíduo necessita contar com uma boa e generosa parcela de ambos os temperamentos combinados, caso contrário não estará apto para a mais rigorosa educação, honras ou a governar.

Com esse entendimento, parece-me claro que devemos tentar nos completar na busca da sabedoria, misturando tanto a prática quanto os estudos teóricos. Perceberemos que, em determinadas fases, nosso temperamento nos levará em certa direção. Se desejarmos nos tornar pessoas mais capazes, precisaremos nos esforçar para atingir essa combinação. O lado positivo é que temos a vida inteira para isso.

Ouço muitos dizerem que estão velhos e já não conseguem mais fazer isso ou aquilo, ou não têm motivação para aprender mais nada, pois "não vai dar tempo". Se você é uma dessas pessoas, ou conhece alguém que se encaixa nesse perfil, permita-me dar alguns exemplos em minha vida.

Desde os meus quinze anos, o jiu-jítsu foi a única atividade para a qual eu me dediquei 100%. Tudo o que podia, de uma forma ou de outra, atrapalhar a minha performance, eu não fazia. Tudo o que me tomava tempo de treino, eu não fazia.

Foram anos muito dedicado ao que caminho que escolhi, e não me arrependo nem por um segundo. Foi ótimo e necessário para eu conquistar o que conquistei. No entanto, quando fui saindo do meu ápice de performance, criei espaço para outras atividades. Eu não competia mais; logo, caso eu me machucasse fazendo outro esporte, isso não me custaria tão caro.

Comecei a fazer *snowboarding* aos quarenta e oito anos. Depois, precisei fazer as duas cirurgias de quadril. Retomei aos cinquenta e três anos, e aprender a surfar tem sido extremamente divertido.

A rotina de leitura mais disciplinada trouxe qualidade para a minha vida. Fazer coisas novas me mantém com fome de aprender, e move para a frente o desenvolvimento de minhas virtudes. É assim que eu vejo uma vida de sabedoria.

***

JUSTIÇA
Agir sempre pelo correto e nunca pelo conveniente.
(Cultura Alliance)

Essa provavelmente é a frase com que mais me identifico na cultura da Alliance, pois representa o que é correto e busca nos afastar das tentações que aparecem invariavelmente à nossa frente, como vantagens imediatas que comprometem o nosso futuro.

Um estudo realizado em Stanford pelo psicólogo Walter Mischel consistia em colocar crianças da pré-escola de um lado da mesa e, do outro, um *marshmallow*. Ele lhes oferecia o doce e dizia que podiam comer, mas que tinha uma pegadinha. Então, saía da sala por quinze minutos. Ao voltar, se não tivessem comido, ele dava mais um *marshmallow* como recompensa.

A maioria não conseguiu esperar e comeu o doce. Ele seguiu as crianças do estudo por muitos anos, e percebeu que as que foram capazes de resistir cresceram mais saudáveis e felizes, ganhavam mais e tinham melhores notas nos testes de aptidão escolar realizados pelas universidades americanas. Comprovou ainda questões como segurança familiar, situação socioeconômica etc., mas a principal conclusão é simples: coisas boas vêm para quem sabe esperar, para quem trabalha, se sacrifica e até sofre.

Isso nos leva a uma reflexão sobre o quanto estamos dispostos a lutar contra os nossos vícios, que podem também ser entendidos como o conforto e as facilidades com que estamos acostumados.

Forçarmo-nos a alguma quantidade de restrição me parece muito salutar no desenvolvimento de virtudes. Aprender a renunciar às coisas que queremos para ter acesso ao que realmente precisamos nos colocar à frente da maioria das "crianças" que não resistiram a um simples *marshmallow*.

É claro que cada pessoa tem a sua avaliação sobre os conceitos de certo e errado, muitas vezes baseados em suas culturas e experiências. Porém é difícil não concordar que o justo está ligado ao bom e o injusto, ao mal.

Sendo assim, um bom guia para sabermos se estamos tomando as decisões de forma a desenvolver a virtude da justiça seria avaliar se fazemos o bem ao escolher determinada atitude, ou se estamos apenas buscando o prazer imediato de forma hedonista.

O caminho geralmente não é o mais fácil, pois requer coragem, tempo e renúncia. No entanto, a verdadeira construção de um legado só é possível seguindo essa rota. E a realização de uma vida de virtudes não pode ser comparada a absolutamente nenhum prazer isolado, pois é a própria função natural do homem.

CAPÍTULO 37
Do limão à limonada

Acredito que é mais fácil aprender com as derrotas. Primeiro, porque os erros ficam mais evidentes. Depois, porque fica claro que precisamos mudar se quisermos alcançar outro resultado. Afinal, esperar respostas diferentes a uma mesma atitude não é muito inteligente.

Muitos experimentam a necessidade de achar um culpado pelo insucesso, o que é relativamente fácil. O mundo está cheio de desculpas e, quando juntamos essa abundância com a criatividade humana, vemos realmente algo tentador, que alimenta a maioria das pessoas que não conseguem lidar com a derrota de uma forma positiva.

Criar oportunidades a partir de obstáculos é fundamental para o constante progresso. Quando temos uma derrota, seja ela do tamanho que for, não devemos perder tempo em lamentações.

Há uma reflexão de que gosto muito, de autoria desconhecida: "Quando vencer, olhe na janela e compartilhe com quem ajudou. Quando perder, olhe no espelho e busque as suas falhas".

Dessa forma, estaremos sempre gratos às pessoas que nos ajudaram a realizar as coisas. Não fazemos nada sozinhos. Por outro lado, devemos encarar o nosso reflexo para analisar os erros, e realmente procurar melhorar.

Essa forma de pensar nos impulsiona, extirpa o medo do desafio e do incerto. Se acreditarmos que a derrota abre o caminho da evolução, perder não vai nos apavorar. Muito pelo contrário, nos libertará para a fazermos a única coisa que realmente nos fará melhor em qualquer área: praticar.

A Alliance estava em um bom momento. Inauguramos nossas duas primeiras *flagships* – em São Paulo e em Londres. Em 2022, vencemos três mundiais pela IBJJF – Mundial Adulto, Mundial Masters e o Mundial No GI (sem quimono) –, feito inédito na história do esporte. Contávamos com quase trezentas escolas licenciadas em mais de trinta países, e nosso negócio seguia crescendo a uma taxa de 30% ao ano.

O plano de expansão das *flagships* era um desafio diferente, porque necessitava de capital, e eu precisava conversar com os meus sócios. Se eles concordassem, teríamos algumas opções, como fazer tudo com recursos próprios e caminhar devagar, ou buscar capital externo para trabalhar de uma forma mais estruturada.

Duas coisas me impulsionaram na direção da segunda alternativa. A primeira era pensar em uma saída para o Jacaré, que eventualmente poderia vender uma parte de suas ações para um novo sócio e aproveitar sua aposentadoria tranquilo. O outro motivo era ter capital para trazer gente qualificada para ajudar nessa nova fase da empresa.

Encontramo-nos em Las Vegas para o tradicional Campeonato Mundial de Masters, que hoje em dia acontece dentro da jiu-jítsu CON, uma grande feira do esporte. Como todos os anos, levamos nossa equipe e reunimos nossos filiados. Expliquei a questão para o Jacaré e o Gigi, que gostaram da ideia e entenderam a necessidade de estruturação para que pudéssemos elevar a Alliance a outro patamar empresarial.

Na volta, comecei a estruturar o plano, refazer a avaliação da empresa e pensar em termos que deixariam o mestre satisfeito, além de ser bons para a empresa. Tínhamos um investidor interessado, e as conversas e tratativas começaram.

Cada luta é uma luta e, por mais experiente que eu fosse em negociações desse tipo, uma outra contraparte sempre ensina algo novo.

As conversar sempre muito cordiais e de alto nível foram mostrando que estávamos indo na direção correta, e acordamos o valor da empresa – cinco vezes maior do que em 2019. Achei que esse ponto era o mais sensível, e considerei que o negócio estava praticamente fechado.

Entraram os advogados em cena, tudo normal e previsto, e inauguramos as discussões sobre governança e proteção patrimonial. Enfim, discordamos a respeito da administração do negócio. Como não era nada insuperável, seguimos em frente.

O próximo passo foi a diligência, um verdadeiro pente fino na empresa para verificar questões jurídicas e fiscais. Quando nos demos conta, estávamos no processo há oito meses, com um alto nível de desgaste, e comecei a me questionar se era o melhor caminho. Nas conversas finais, as duas partes já não conseguiam ceder em mais nada, e entendemos que o melhor seria não fazer o movimento. Encerramos sem concretizar o negócio.

Impossível não sentir o banho de água fria. Trabalhamos muito para fazer dar certo. Analisando o que aconteceu, percebi que o nosso negócio não estava pronto, que chegávamos ao fechamento do ano e precisávamos virar a página com urgência. Tanto desvio de atenção, entre outras coisas, nos distanciou da nossa meta.

Era muito claro o que precisávamos fazer e não havia tempo a perder. Demos início ao processo de reestruturação do modelo de negócio, estabelecendo uma forma mais moderna e eficiente de gestão. A ideia era trazer as melhores práticas de um *accountability model*, no qual as pessoas têm responsabilidade direta e autonomia para tocar suas áreas.

Dividimos nosso plano em três verticais de negócios: *flagships,* afiliados e produtos. Além disso, separamos as horizontais de suporte: financeiro, marketing, metodologia, projetos, instituto, etc. Ficou clara a necessidade de contratações importantes e de um orçamento bem definido.

A diferença de como atuávamos antes para o nosso modelo atual é gritante. Estamos melhores em todos os aspectos, contamos com as pessoas certas nos lugares certos, bem remuneradas e conscientes da missão.

Ainda temos problemas todos os dias, como toda empresa e todos os indivíduos, mas estamos aprendendo a encará-los sob outro ponto de vista. Quando não realizamos algo que desejamos muito, precisamos continuar até alcançarmos algo que nem imaginávamos ser capazes.

CAPÍTULO 38
O que aprendi

Aos cinquenta e quatro anos de idade e com quarenta anos de jiu-jítsu, aprendi muitas coisas, especialmente quanto à necessidade de transições, de nos reinventarmos e entendermos que cada fase tem seu ciclo, e que precisamos nos preparar para outro momento, para nos mantermos relevantes no que decidimos fazer.

Desde cedo, como já contei, apaixonei-me pelo jiu-jítsu; dediquei o máximo que pude, mas sempre procurei olhar para a frente. Aprendi a não despertar o desejo de estar no futuro – que nos tira da dedicação necessária ao presente e, consequentemente, a resultados importantes para que semeemos os frutos a serem colhidos no futuro.

A máxima da filosofia estoica é a de que devemos focar no que está em nosso controle, simplesmente nisso. Se pensarmos bem, poucas coisas estão subordinadas a nós. Os atos que executamos, os nossos pensamentos, o controle dos impulsos e dos desejos são os exercícios para nos tornarmos livres de nossos vícios. Se formos capazes de dominar o que está subordinado a nós e fizermos escolhas sempre olhando pelo correto, pelo moral e pelo ético, seremos o melhor que podemos ser.

Por outro lado, há coisas que estão fora do nosso comando. Quanto a elas, precisamos ser adaptáveis, compreender que há caminhos imprevisíveis, lidar no tempo certo.

Caso deem errado, a reação mais comum é procurar culpados, mas se compreenderemos que rumos inesperados são possíveis, deixaremos de pensar em culpa e seguiremos nos concentrando nas coisas que estão ao nosso alcance e que são estruturáveis.

Epíteto nos ensina que melhoramos de vida pelo simples fato de não piorarmos. As escolhas sobre o que não fazer têm um peso enorme nos rumos que tomaremos. Quando decidimos nos livrar de algo que nos faz mal, não mais lidaremos com as consequências de quem escolhe aquele caminho. Nunca é tarde para começar a tomar decisões mais sensatas, e os erros do passado não devem justificar uma resistência à busca por um caminho mais acertado.

Existe um mundo de tentações e coisas que geram prazer imediato, mas sabemos também que aquelas de real valor são difíceis e normalmente demoradas. Trabalhe para o longo prazo, para a construção do legado de sua vida, e não por prazeres momentâneos e efêmeros.

O que você se torna de verdade é seu e está seguro; todo o resto é mutável e transitório. Bens materiais, embora importantes conquistas, não são maiores do que o propósito pelo qual fazemos as coisas. Nunca inverta a ordem – quando o conveniente aparecer, aja pelo correto.

Sêneca, em sua obra-prima *Sobre a ira e a tranquilidade da alma*, descreve um outro ponto fundamental e necessário para o nosso desenvolvimento: o controle emocional.

A luta me colocou em diversas situações nas quais a emoção era um grito. É difícil lidar com alguns sentimentos, porém aprendi que o medo descontrolado leva à covardia, a ansiedade descontrolada impede a concentração e a capacidade de avaliar as melhores ações a serem tomadas, e a ira descontrolada nos deixa completamente inaptos, cegos.

Quando permitimos que algo ou alguém nos perturbe ao ponto de nos irritar, estamos dando poder sobre nós. Se não somos capazes de controlar a nossa raiva para clarear a nossa capacidade de decisão, estaremos invariavelmente em péssimos lençóis.

Se entendermos que nem todas as decisões estão ao nosso alcance e recebermos a ação negativa como apenas mais uma dentre tantas outras possíveis, focaremos no "como reagir" para que o resultado seja melhor. Com esse exercício, conseguiremos manter a ira sob vigilância, o que significa um absoluto controle emocional para que ninguém, em tempo nenhum, seja capaz de ter poder sobre nós.

O esporte em geral nos ajuda a desenvolver a humildade. Aprendemos que sempre existe alguém melhor do que nós, mesmo ante a necessidade de sermos quase prepotentes por acreditar em nossa capacidade. Aos olhos dos outros, parecemos arrogantes. No fim do dia, se nos conhecermos a fundo saberemos de nossas falhas e limitações, seremos humildes.

Conheci atletas de todos os tipos, dos mais esnobes, normalmente inseguros, até os mais humildes, realmente confiantes. O fato é que não devemos nos orgulhar tanto de nossos feitos, devemos continuar fazendo.

Quando começamos a acreditar no que os outros falam, ou até no personagem que criamos para o mundo, passamos a viver uma mentira. Tão logo o personagem não mais performar, não teremos como explicar que éramos outra coisa.

Gosto do barulho do trabalho, e não de autopromoção. Não acredito no famoso "tapinha nos ombros". Sigo me esforçando, e nunca me dou por satisfeito.

Nesse mundo onde estamos sempre nos deparando com situações adversas, fui sortudo porque tive poucas lesões ao longo da minha carreira profissional. Já mais velho, o meu corpo começou a acusar os anos de esforço. Após quatro cirurgias, embora tenha me recuperado muito bem, as minhas condições físicas já não são as mesmas de outrora. Quando temos limitações em alguma área, recebemos a oportunidade de nos desenvolver em outra.

Entendo que o mundo se organiza independente da minha vontade. Posso até não gostar ou simplesmente desejar que seja diferente. E posso ser grato por ser do jeito que é, pelas oportunidades que coloca para mim. É assim que vemos o copo meio cheio. Esteja sempre pronto para fazer o que tem que ser feito e seguir no seu caminho de evolução, seja ele qual for.

Na maioria das vezes desde os meus dezenove anos, quando recebi a minha faixa preta, fui a referência de outros dentro do tatame. As pessoas vinham até mim para tirar as suas dúvidas técnicas e ouvir as minhas explicações. Sempre gostei de ser professor, e perceber que os meus ensinamentos acrescentam à vida de outros é um dos motivos pelos quais sigo me esforçando para melhorar.

No entanto, precisamos desconfiar quando somos a pessoa com mais conhecimento da sala. Não devemos confiar tanto em nossa sabedoria, pois ela é, e sempre será, insuficiente. Precisamos nos cercar de pessoas que nos acrescentem algo, tendo em mente que: "Você é a média das cinco pessoas com quem mais convive, não seja o mais inteligente da sala"[42].

Exagere na gentileza. Nada é mais elegante do que ser gentil, e nada é mais eficiente na solução de conflitos.

Carregue com você a segurança e a autoconfiança que o permitam ser o primeiro a buscar a solução de qualquer problema. Não levante a voz, argumente com calma e técnica, esclareça seu ponto de vista sem insistir para que o outro pense como você. Aceite as diferenças, afinal, você não precisa mudar o mundo e, mesmo que tente, não conseguirá.

Busque incessantemente o conhecimento através do estudo e da prática. Ele é o que nos faz vivos e relevantes, especialmente se empregado não só em nosso benefício, como também no de outros.

A dedicação ao jiu-jítsu me permitiu alcançar milhares de pessoas, afora as tantas que passaram pela minha academia. Apenas 139 lutadores receberam a faixa preta das minhas mãos.

---

42. Frase de autoria desconhecida.

Muitos permanecem treinando e ensinando a arte em nossa escola. Outros, pararam de treinar. Alguns seguem fora da Alliance. Em algum momento, entendi que estavam prontos para a missão de carregar a bandeira do jiu-jítsu da melhor forma possível. A consequência disso é um impacto positivo incalculável na vida de outras tantas pessoas que jamais conheci pessoalmente.

Epíteto nos ensina: "Você não é o que você tem". E isso vale para tudo. Sejam bens materiais ou uma faixa preta amarrada na cintura, precisamos merecê-los todos os dias.

Aprendi que temos um tempo finito e indeterminado na Terra, o qual precisamos fazer valer muito a pena, seja quanto for. Deixar a nossa marca nesse mundo, inspirar as pessoas à nossa volta para que façam o melhor que puderem, dar o exemplo de fazer o correto sempre, agir de forma leal e justa mesmo quando ninguém está olhando. Dessa forma, vamos nos transformando em nossa melhor versão verdadeira.

Lembre-se do conceito *memento mori*, reflita sobre a morte e a efemeridade da sua vida. Quando fazemos isso, percebendo que o tempo fica mais escasso a cada dia e que podemos não estar aqui amanhã, passamos a viver o agora da maneira mais virtuosa que pudermos.

Eu achei no jiu-jítsu e no estudo da filosofia uma combinação poderosa. Vivo a prática tanto quanto o meu corpo aguenta e completo o restante trabalhando o intelecto, estudando. Acompanho a transformação diária de milhares de alunos e praticantes dessa arte marcial tão poderosa, mas você, que está lendo essas linhas finais e ainda não pratica jiu-jítsu, saiba que não precisa obrigatoriamente começar se não quiser. Caso encontre outra ferramenta que o ajude a ter uma vida prática e virtuosa, siga. No entanto, caso tenha ficado com vontade de conhecer, procure uma academia perto de sua casa e simplesmente se permita. Você não vai se arrepender.

Agradecimentos

A todos os alunos com quem trabalhei até hoje, agradeço pelo que deixaram na minha vida de ensinamento. Alguns, em especial, receberam a faixa preta das minhas mãos. Neles, reconheci os valores que defendo e o amadurecimento na arte.

Ser um faixa preta é permanecer com a mente aberta ao aprendizado e, ao mesmo tempo, compartilhar o conhecimento adquirido. É não fugir de suas responsabilidades, encarar o desconhecido com bravura e coragem, achar um caminho novo quando anterior estiver fechado. É não se lamentar ou colocar a culpa em outrem. É "matar no peito" os erros e humildemente tentar de novo, fazendo sempre o seu melhor. É não se contentar. É ser gentil. É saber os custos do sacrifício e, ainda assim, fazê-lo por reconhecer o seu valor. É pagar o preço dos seus atos, e dividir suas glórias com quem o ajudou na jornada. É ser fiel aos seus princípios e valores.

Da lista abaixo, aqueles grifados ainda fazem parte da equipe Alliance:

1. Ricardo "Franjinha" Miller
2. **Leandro Bordo**
3. **Pedro "Jaca" Andrade**
4. **Leo Negão**
5. Demian Maia
6. Eduardo Telles
7. **Paulo "Chimpa" Sguizzardi**
8. **Marcelo Garcia**
9. **Cassio Cardosi**
10. **Pierre Chofard**
11. **Alex Monsalve**
12. **Andre Gailey**
13. **Orlando Andrade**
14. **Rodrigo Petroni**
15. **Eduardo Miranda**
16. Cezar Takeyoshi

17. Ricardo Delneri
18. Fernando "Soluço" Di Pierro
19. Gustavo Francês
20. Fabbio Passos
21. Eduardo Bordim
22. Fábio Romão
23. Tarsis Humphreys
24. Daniel Amabile
25. João Manssur
26. Michael Langhi
27. Beto Garcia
28. Antônio "Batista" Peinado
29. Tati Tognini Garcia
30. Geraldo Azevedo
31. Felipe Pacces
32. Roberta Parisi
33. Tiago Rocha
34. Leo Nogueira
35. Sérgio Santos
36. Rodrigo Funaro
37. Henrique Resende
38. Tommy Malmberg
39. David Dimopoulos Said
40. Gabi Garcia
41. Henry Navorra
42. Eduardo Moura
43. Ricardo Lewandowski
44. Gustavo Junqueira
45. Gabriel Goulart
46. Dimitrius Souza
47. Helio Costa
48. Fabio "Bolivia" Suzuki
49. Daniel "Cabelinho" Nogueira
50. Juha Järvinen
51. Terho Virrankoski
52. Mikko Rouvali
53. Ricardo "Aritana Miranda"
54. Filipi Sagat
55. Ribamar Santiago
56. Henry Khouri
57. Juuso Harma
58. Ricardo Mesquita
59. Andresa Correa
60. Juan Kamezawa
61. Thomas Lisboa
62. José Júnior
63. Leo de Nigris
64. Kiko Alem
65. Jean Louis Bouquerel
66. Alexandre Maron
67. Marcelo Mora
68. Greger Forsell
69. Petri Kolehmainen
70. Fabio Caloi
71. Carlos Santos
72. Teo Viitala
73. Ulf Ehlert
74. Gustavo Bonelli
75. Luciano Tavares
76. Fernando Kurayama
77. Wolney Atalla
78. Olavo Torrano
79. Hannu Karjalainen
80. Matias Simonelli
81. Teemu Toroi
82. Luiz Nunes
83. Edson Costa
84. Helio Laniado
85. Cristian Fogaccia
86. Tarean Humphreys
87. Walter Buse
88. Edson Oliveira
89. Fernando Reis
90. "Zé Aranha"

91. Caio Rigante
92. Ricardo Caloi
93. Felipe Nacib
94. Oscar Eklöf
95. Magda Maron
96. Eduard Lisboa
97. Marcelo Ferreira
98. Isaque Bahiense
99. Ali Monfaradi
100. Pablo Mesples
101. Flavio Junqueira
102. Renata Marinho
103. Mateus Lasco
104. Janne Laine
105. Ricardo Bezerra
106. Raphael Castro
107. Thomas Conde
108. Hoannes Nacib
109. Fernando Almeida
110. Adam Childs
111. Vinícius "Trator" Ferreira
112. Leonardo "Marcelinho" Garcia
113. Raimundo "Cupim" Cezar
114. Rafael Ramos
115. Maurício Cascão
116. Mayra Mazza
117. Adolpho Mello
118. Gabriel Bergami
119. Marcos "Scooby" Ribeiro
120. Gabriel Figueiró
121. Wesley dos Santos
122. Bruno Leite
123. Lucas José
124. Rafael Paganini
125. Caio Paganini
126. Gustavo Maron
127. Ramon Delsin
128. Antonio Henrique Azevedo
129. Gabriela Azevedo
130. Nataly Santos
131. Renato Chiusano Moran
132. André Schiliró
133. José Arnaldo Suaid
134. Vitor Zandona
135. Brenda Larissa
136. Stefano Virionis
137. Gurdip Rangi
138. Rodrigo Kurayama
139. David Bernacca

Muitos outros nomes influenciaram de alguma forma a minha carreira. Menciono, ao longo desse livro, apenas alguns dos tantos lutadores que me ensinaram alguma coisa. Deixo um agradecimento especial aos seguintes colegas:

1. Adilson Lima
2. Alexandre Gigi Paiva
3. Alípio Amaral
4. Amaury Bitetti
5. André Galvão
6. Andrezinho
7. Antonio Peinado
8. Bernardo Faria
9. Roberto Motta
10. Bobby Armijo
11. Bráulio Carsalade
12. Bruno Malfacine

13. Caio Rigante
14. Carlos de Tarso
15. Carlos Gracie *(in memoriam)*
16. Carlos Soneca Machado
17. Carlson Gracie *(in memoriam)*
18. Cassio Cardoso
19. Crolin Gracie
20. Daniel Gracie
21. Dedé Pederneiras
22. Demian Maia
23. Denilson Maia LL
24. Eduardo Telles
25. Eugênio Tadeu LL
26. Fernando Tererê
27. Gabriel Goulart
28. Gastão Gracie *(in memoriam)*
29. Gastão Gracie Jr.
30. George Gracie, o Gato Ruivo *(in memoriam)*
31. Heleno de Freitas
32. Hélio Gracie *(in memoriam)*
33. Hélio Santana
34. Hélio Vígio *(in memoriam)*
35. Henrique Rezende
36. Hugo Duarte LL
37. Jean Jacques Machado
38. Jerry Bohlander
39. Jessé Rodrigues
40. João Alberto Barreto
41. Leo Negão
42. Leo Vieira
43. Leonardo Nogueira
44. Ricardo Libório
45. Sérgio Malibu
46. Manimal
47. Marcelo Behring *(in memoriam)*
48. Marcelo Gurgel
49. Marcelo Mendes LL
50. Marcelo Ribeiro
51. Marcio Feitosa
52. Marco Ruas LL
53. Mário Reis
54. Mark Coleman
55. Mark Kerr
56. Masahiro Kimura *(in memoriam)*
57. Maurício
58. Michael Langhi
59. Michael Maia
60. Michael Patchouli
61. Mitsuyo Maeda *(in memoriam)*
62. Murilo Bustamante
63. Oswaldo Gracie *(in memoriam)*
64. Pat Smith
65. Paul Varelans
66. Pé de Pano
67. Peck
68. Pedro Carvalho
69. Pedro Hemetério *(in memoriam)*
70. Fernando Pinduka
71. Ralph Gracie
72. Rei Zulu
73. Reila Gracie
74. Renata Marinho
75. Renzo Gracie
76. Reyson Gracie
77. Ricardo Arona
78. Ricardo Caloi
79. Ricardo De La Riva
80. Ricardo Franjinha Miller

81. Rickson Gracie
82. Ricco Rodriguez
83. Rillion Gracie
84. Roberto Godoi
85. Roger Gracie
86. Rolls Gracie
87. Rolls Gracie Jr.
88. Romero Jacaré
89. Royler Gracie
90. Rubens Cobrinha Charles
91. Ryan Gracie
92. Saulo Ribeiro
93. Sérgio Bolão Souza
94. Sérgio Moraes
95. Shamrock
96. Vitor Shaolin
97. Sylvio Behring
98. Tank Abbott
99. Tarsis Humphreys
100. Marcelo Mendes "Telo"
101. Toninho
102. Roberto Traven
103. Waldemar Santana
104. Wallid Ismail
105. Wendell Alexandre
106. Yukio Kato
107. Zé Mário Sperry

Contam as histórias que, há cerca de um século, Mitsuyo Maeda, o Conde Koma, aportou em Belém do Pará e foi acolhido por Gastão Gracie. Como forma de mostrar a sua gratidão, ele se ofereceu para ensinar jiu-jítsu ao filho mais velho de Gastão, Carlos. Assim nasceu o jiu-jítsu no Brasil.

Hoje, eu me sinto realizado por ser parte da grande família Alliance, por ter ajudado tantas pessoas a encontrarem o caminho das virtudes humanas, e por ter trabalhado no sentido de fazer o jiu-jítsu ser visto como o que realmente é.

Para mim, o jiu-jítsu é muito mais do que uma luta. É uma arte, uma paixão, e uma filosofia de vida.

Acompanhe a LVM Editora

@lvmeditora

Acesse: www.clubeludovico.com.br

@clubeludovico

Esta edição foi preparada pela LVM Editora com tipografia
Source Serif Pro e Acumin Pro ExtraCondensed, em novembro de 2024.

Impressão e Acabamento | Gráfica Viena
Todo papel desta obra possui certificação FSC® do fabricante.
Produzido conforme melhores práticas de gestão ambiental (ISO 14001)
www.graficaviena.com.br